幸せに生きるための政治

池上彰 責任編集
西田亮介

KADOKAWA

政府に不満を
持っている。
なにもしなくて
いいのでしょうか？

P

政治が暮らしを
決めている。
どれだけ
説明できるだろう…

POLITICS

どうして日本は
投票率が
低いのでしょう？

政治とは？

結局は政治家だって人間。
嫉妬、タテマエだらけ…。
そういう人たちが
行っているのが、政治。
だから、私たちは政治を
監視することが大切なんです。

池上 彰

ジャーナリスト AKIRA IKEGAMI

経済、ビジネス、教育、税金等々、
私たちの社会と深く結びついています。
ぼくのリクエストはシンプルに1つ。
「政治は自分たちの生活に関係がある」
という事実を認識すること。それ以外は
正解がなにか、ぼくにもよくわかりません。

西田亮介

社会学者　RYOSUKE NISHIDA

商売としての政治ってことです

――池上

編集会議で…

選挙報道の顔ともいえる池上さん。
メディアでの政治コメントが多い西田さん。
揃うと「政治」への辛口トークが炸裂!
「政治」と私たちがいかに密接かの
気づきを教示してくれました。

性悪説が前提ですね

――西田

防衛費は、**国民の不安感情につけ込んでいる**

教育と外交は、政治の票にならない

怒りに火をつけるのが
国民の政治参加のうながしに大事

民意が政策に反映されていない
という、政治への諦念

選挙制度は
劇的によくなった

ワークライフバランスが
よければ、**政治を考えるゆとり**が生まれるかも

監視しないと
政治家は
ウソをつく

愚か者め
と言った人が
いましたね。
なんと、
愚か者でしょう

私たち国民は怒っています。
どうしたら政治家に
わからせることができますか？

↓ CHAPTER ① へ
P13-

政治に無関心というより、
よくわからないから
投票に行かないのですが…

↓ CHAPTER ③ へ
P117-

商売としての政治家に
任せてしまって
日本は大丈夫なの？

↓ CHAPTER ② へ
P69-

政治のココをもっと教えてください！

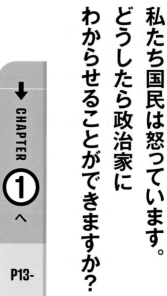

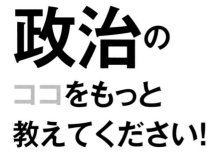

防衛費とか政策とか
なにが正しいのかを
判断できる大人になりたい

↓ CHAPTER 4 へ
P147-

なにを、どう監視したら
日本はよくなるのか
知りたいです

↓ CHAPTER 5 へ
P181-

西田亮介さん、

悪いことをする政治家ばかり…。
国をよくしたいなら、
私たちはどうすればいい？

↓ CHAPTER 1〜5 へ

CONTENTS

CHAPTER 1 私たちが幸せでないのは、「政治ガチャ」が原因なのか

CHAPTER 2

知識は社会の見え方を広げる！　西田流「政治」レクチャー

SPECIAL COLUMN

池上&西田のここでしか語れない「政治」トーク

CHAPTER 3

政治家をビビらせる第一歩 今の政党を知っておく

CONTENTS

CHAPTER 4

知識と考え方の軸を持つと、今の政治を判断できる

CHAPTER 5

見られていると緊張感が生まれる 政治の監視で国は変わる

181

STAFF

アートディレクション 俵 拓也
デザイン 俵社
撮影 西村彩子(2、3、6、7、112～116ページ)
村越将浩(4、5ページ)
ヘアメイク 久保りえ(2、3、6、7、112～116ページ)
イラスト 高橋 潤(カバー)
林田秀一(似顔絵)
加納徳博(中面)
DTP・図版 エストール
校正 鷗来堂
編集協力 八村晃代
編集 藤原民江

※本書の情報は基本、2023年12月時点のものです。

CHAPTER

1

私たちが幸せでないのは、「政治ガチャ」が原因なのか

物価高や増税などの負担感で、今の政治にモヤモヤしている人、多数。日本の政治がハズレだから仕方がないのか？この疑問に西田さんが答えてくれました。

— POLITICS —

そもそも「よい政治」とはなに？日本は政治ガチャにも思えます

「よい政治」とはなにか。これ、定義が意外と難しいんですね。

誰かにとって「よい」ということは、反対の立場の誰かにとっては悪いことですね。社会には、いろいろな場面で「トレードオフ（一方を尊重すれば、一方が成り立たない）関係」が存在します。利害関係者が多数いる場合には、関係はもっと複雑になります。

古典的な政治の機能はそんな問題にケリをつける（≒さしあたりの回答を出す）方法を見つけ、具体化することです。

ぐっと身近な例で考えてみましょう。

たとえば、ぼくはときどきテレビの情報番組などにコメンテーターとして呼ばれます。「池上先生が司会のある番組で40代男性のコメンテーター席は1席しかない」というとき、コメンテーター席は奪い合いですよね。誰かが出たら、ぼくは出られません。有名でおもしろいことを言うコメンテーターを出すべきでしょうか。それなりにきちんとした話をしますが、ともすれば冗長なコメントをするぼくを出すべきでしょうか。

そのとき、テレビ局はどちらの利益を優先するべきか。**もろもろ調整しながら資源の分配の方法と結論を出して行くことが大事で、これこそが「政治」**なんです。出演者枠を増やす方法もありますね。ちなみにテレビ局は一般にぼくが反対したとしても、著名なコメンテーターを出演させることができます。**反対があったとしても、意見や決定を貫徹できる力のことを「権力」**と呼びます。**いろいろなところに、いろいろなレベルの「政治」がありますね。**

このとき、政治が腐敗していたらどうでしょうか。

たとえばぼくがテレビ局に対して、「今回、これでなんとか…」と、袖の下（ワイロ）を渡したり、そこまでいかないにしてもプロデューサーを接待したりして、よくわからない中で誰かを追い落とすとすれば、不公正でしょう。ちなみにそういうことが行われていたとしても実際はわかりませんし、民間においては接待も別に問題ないのですが、なにかの拍子に露呈すれば、ぼくもテレビ局も信頼を失うでしょう。政治や行政にはずっと高い倫理が求められます。

国の政治で決まることはスケールが大きいので、政治家に働きかけてズルをする企業・団体がないか、予算の使い道を含めてどうなっているか明らかになっていることが望ましいですね。言い方を変えると、よい政治とはなにかを定義するのは難しいですが、少なくとも、恣意的だったり、腐敗していたりする「悪い政治」については定義し、防ぐことができそうです。**悪いポイントを取り除いていくということを繰り返していきながら、「よい政治」を目指すというのがちょうどよいのではないでしょうか。**

ところで、日本に生まれたわれわれは、「政治ガチャ」なのか？

〝ガチャ〟とは、インターネットスラングですよね。たとえばよく耳にする「親ガチャ」は、生まれてくる子どもは親を自分では選べない、不平等に対する不満を言い表す言葉です。「ハズレ」を引いてしまった、残念な感じ。日本の政治はハズレでしょうか？

ぼくたちコメンテーターは、「あれがよくない、これがよくない」と、さんざん毒を吐いています。ぼくもしょっちゅう言っています。でも、歴史を振り返ってみれば、それほど悪いとはいえないとも考えています。**強いて言えば、結構ラッキー。**

日本は戦争に負けて、帝国主義から、自由主義と民主主義の国のあり方を求めて、新しい憲法を定めたのが１９４７年のことです。よくも悪くもいろいろな課題に対応しながら、ここまで来ました。自由民主主義の国が80年近く続いているというのは案外珍しい。簡単なことではないんです。

たとえば、周辺のアジアにそういう国があるかというと、お隣の韓国が民主化したのは１９８０年代。それほど難しいことなんです。でも日本の投票率は低下しています。

吉田茂が、「民主主義に即効薬はない、気長に取り組まなければならない」といったことを記したのは、50年以上前のことでした。

課題は多々あるけれど、諦めることなく、粘り強く改善していくことが大事ですね。

Nishida's memo

帝国主義　植民地主義。軍事力や経済力を持って、ほかの国や地域を侵略し支配すること。明治以降の日本は韓国や台湾を支配。

衆議院議員総選挙における年代別投票率の推移

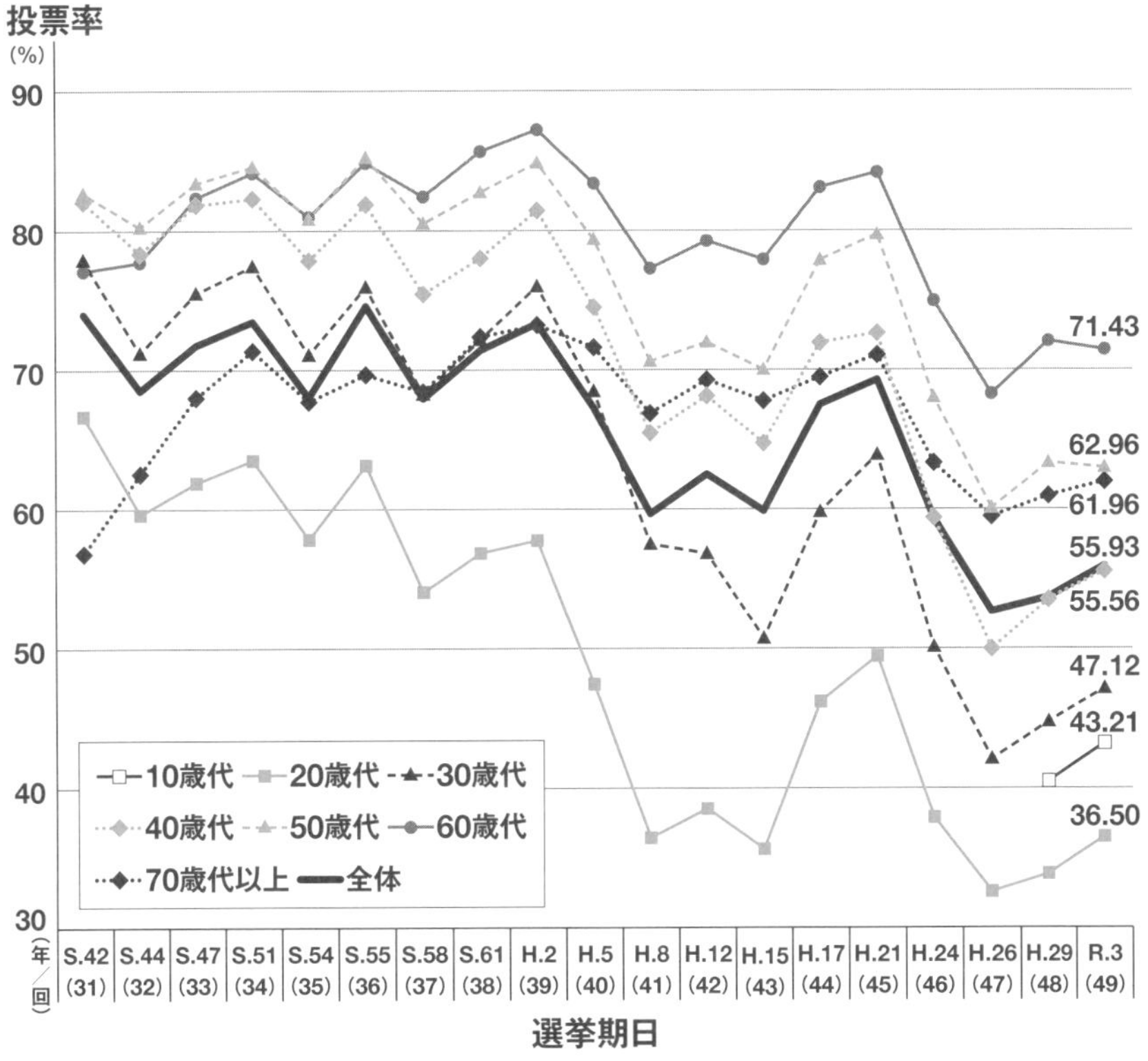

※この表のうち、年代別の投票率は、全国の投票区から、回ごとに144〜188投票区を抽出し調査したものです。
※第31回の60歳代の投票率は60歳〜70歳の値に、70歳代以上の投票率は71歳以上の値となっています。
※第48回の10歳代の投票率は、全数調査による数値です。

（総務省「衆議院議員総選挙における年代別投票率（抽出）の推移」をもとに作成）

Nishida's memo

自由民主主義 国民の政治的な自由、表現の自由、言論の自由を認め、国民が自分たちの代表を選挙で選べる政治体制。

政治を学ぶことにメリットを感じない　そんな私はどうしたらよいのか

ちょっとボヤいてもいいですか。ぼくだって仕事でなければ勉強しません。

政治の本は、一所懸命に書いても売れないんですよ。書店へ行っても、女性が政治の本を手に取っているところをほとんど見たことがありません。

政治について論じているのが、スーツにネクタイのおっさんばかりだからでしょうか。

それに対して、経済の本は売れるんです。勉強すると投資が成功する確率も上がり、自分にメリットがあるからですよね。でも、政治の本を2000円で買っても、2000円のリターンはあるのでしょうか？　はっきりしませんよね。なんだかんだで、ずっと自民党と公明党が与党で、どうも政府も政治家も与党も野党も無茶苦茶やっているようなのに、あまり変わらない。**勉強して、選挙で投票して、なにか意味があるのか。**そこにわざわざ2000円の本を買って勉強する合理的理由はあるのでしょうか。政治参加と社会的コストを分析する研究はありますが、個人が体験することは困難です。

みなさん、毎日自分の仕事でクタクタですし、わざわざ政治の勉強をしようと思わないのはわかります。勉強するなら、政治ではなくキャリアアップするテーマか、株か投資の話がよい。

Nishida's memo

与党　内閣を組織して政権を担う政党のこと。内閣総理大臣が所属。複数の政党が連立して与党を担う場合もある。

当然です。

　ぼくは政治についてウンチクたれるのが仕事ですから、新聞を読むのも、政治家の話を聞きに行くのも「投資」なんです。仕事にすると、なにかが変わりますよね。政治を仕事にしている人がそれなりに政治について詳しいのはごく自然なことです。政治の本を書く人というのは、その意味で背景が一般的な読者とかなりかけ離れています。

　でも、これは言いたい。**政治が好きとか嫌いとか、役に立つとか立たない云々といったわれわれの認識とはほぼ無関係に、身の回りのいろいろなものが政治と深く関係しています。**国公立学校の授業料もそうですし、新型コロナ給付金もそうです。最近、街中に危なっかしい電動キックボードが増えたのもそう。ビジネスも教育も税金も、**ぜんぶ、政治が決めている。**

　それなのに**多くの人たちは自分の生活と政治は関係ないという「誤った」認識を持っている**から、政治に関心を持たず、政治も一般的な国民に関心を持たず、政治はちょっかいをかけて、ついでに選挙に協力してくれたり、献金してくれる企業・団体とか宗教団体の方ばかりを向いているんです。自分たちにとって「合理的」な振る舞いをしていると捉えれば理解可能ですね。

　本音で言えば、政治家は与党も野党も自分たちのファン（支持者）だけが政治に関心を持ち、投票に行ってくれればよいわけです。それがいちばんラク。

　政治は、人間の本性が丸出しになるんです。政治家が守りたいのは「国民の生活」ではなく、「自分のバッジ」ではないのか。そして、ぼくやあなたがもし政治家だとすれば、やはり同じ

Nishida's memo
野党　議会で多数を占める与党に対し、議会の少数派で政権の座についていない党のこと。政権運営を監視する。

ように自分の将来が気になるのではないでしょうか。でも、建前と理屈がなければ、人は共感も支持もせず、投票もしてくれないでしょう。だからこそ、本音と建前の案配が重要になってきます。ぼくはそういう**〝人間のダークサイド〟が凝縮された政治の世界**を、いつもとてもおもしろく見ています。「あ、政治家がまた保身のためにウソをついてる」んじゃないか、というわけです。

失言で有名な森喜朗氏が首相だったとき、無党派層について「関心がないといって、（投票に行かずに）寝てしまってくれればいいが」と口にしました。これはウソではなくむしろ丸出しの本音です。2010年代以降、低投票率で、与党が勝ちきる選挙が常態化しました。低投票率を前提とするなら、世論の動向はあまり選挙結果に関係せず、支持層の存在が重要になってきます。支持層を固めきれば、なまじ無党派層が投票所に行くと結果がブレるかもしれません。だからこそ「寝ていてほしい」と思うのは、愚かであるどころか与党政治家にとってはとても「合理的」なんですね。ぼくたちとは異なるまさに「他者の合理性」ですが、社会学は「他者の合理性」理解を志向する学問なのです。

われわれは国会議員をバカだなんだとけなしますが、国会議員もわれわれをバカだと思って見下しています。でも本気なのは彼らの方なんです、**なぜならなりわいであり、商売だから。**

こう考えるとわかりやすくないでしょうか。政治の行く末や投票に対して、一般的な国民と

Nishida's memo

無党派層　支持する政党のない有権者のこと。日本では無党派層が5割弱といわれる。無党派層の動向が選挙の行方を左右。

職業政治家の間には雲泥の差といっても過言ではないほどの非対称性があります。

政治に無関心だと、そんな政治家や政党のやりたい放題になってしまう。それでよいのでしょうか。

ただ、よく政治学の先生が、「政治について勉強すべき」みたいなことを言うんですが、ぼくは正論だと思いつつ、そんなのムリだと思っています。

「政治は自分に関係がない」という認識を、「政治は自分に関係がある」に変更する。その1点すら難しい。日本の現状でいえばまずはそれだけで十分すぎるほどです。

経済を支えているのも政治なのです。マーケットのルールや税率は政治が決めているんですから。

身の回りのものが政治と深く関係している

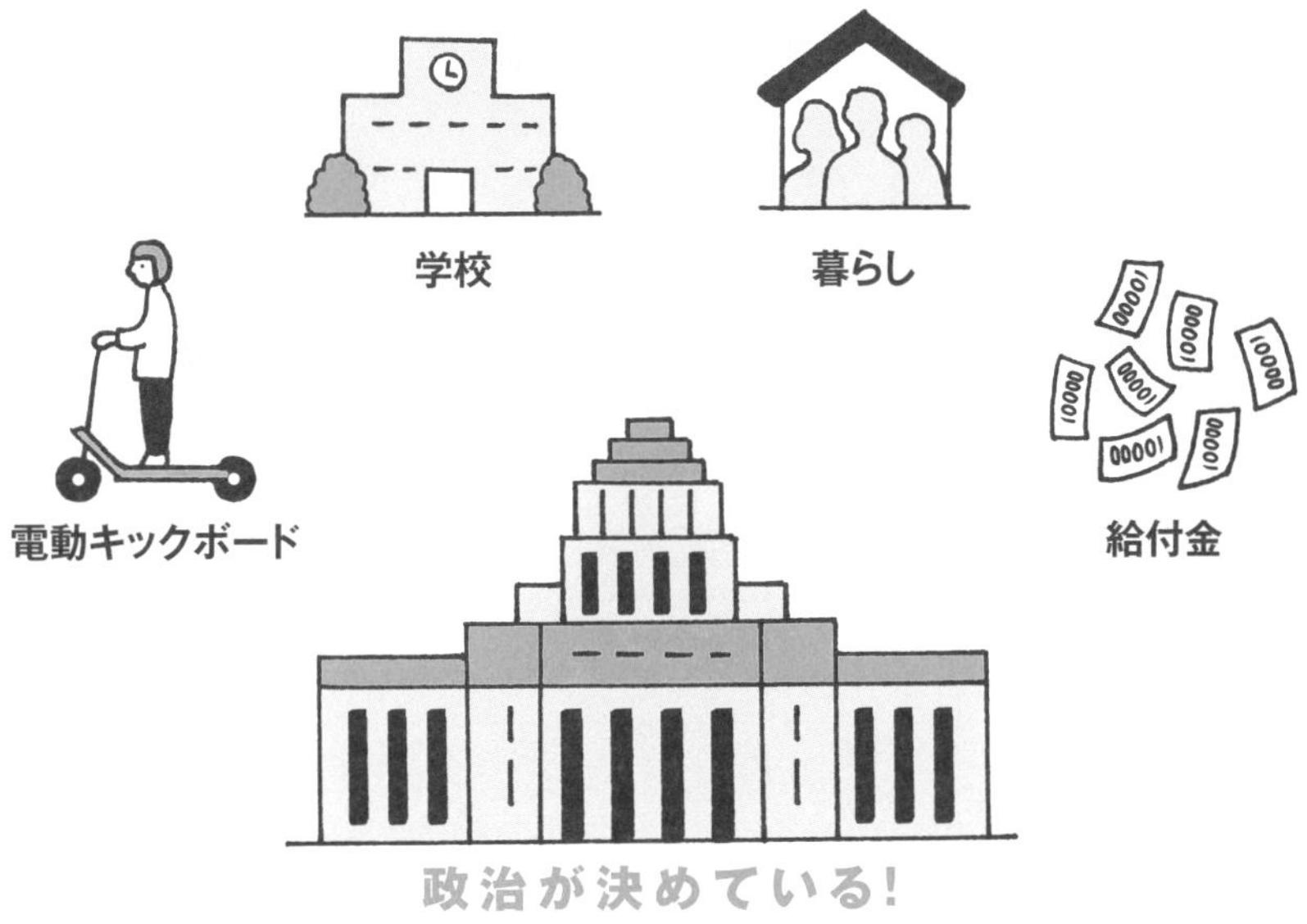

学校であまり教えてくれないいきなり18歳から投票に行けと言われても

日本の若者の投票率は低いです。日本の各種選挙における投票率は昭和から総じて低下傾向が続いていて、その中でも特に20代の投票率が低いことがわかっています。

日本では、主権者教育が不足しています。それはすべての世代においてです。

思い出してみてください。政治についての話を家庭や学校でしたことがありますか？　日本では、政治とカネ、宗教、野球の話はタブーと相場が決まっています。それなのに、いきなり投票年齢になったから投票してねというのは、ムリな話ですよね。

理屈はいろいろあるのですが、**学校の公民の教育では、日本にある政党が歴史的にどんなことをしてきたのか、今なにを主張しているのかを学ぶ機会はほとんどありません**（ぜひCHAPTER3をご参考に）。

理由はなにかを考えてみると、1つは公職選挙法という法律で、教員の地位利用の選挙運動が禁止されているからです。学校教育の現場でたとえば先生が「この政党に投票してください」

Nishida's memo

主権者教育　国や社会の問題を自分の問題として捉え、自ら考え、自ら行動していく「主権者」を育成する教育のこと。

ということが禁止されているのですが、日本の場合、それに近いことを言うとメディアや政治家がワーワー騒いで、教育委員会や学校に電話したり、乗り込んだりします（実際に何度もあります）。これでは学校は腰が引けてしまうのもムリはありません。

諸外国に目を向けると、自由民主主義の国においては教員が「私は○○党を支持していますが、みなさんはどう考えますか」という投げかけは問題ないと考えられています。

アメリカもヨーロッパも、学生に自分の政治的立場を押し付けなければ基本的に許容できる仕組みです。言い方を変えると、最終的には学生本人の判断にゆだねられる環境をつくることが大事ですね。

日本も学校現場に裁量はあるので、やってはいけないことを明示したうえで、それ以外は許容できるという仕組みをつくった方がよいでしょう。学校現場を守る仕組みとセットで、です。

たとえば**北欧は主権者教育が進んでいます。**日本も北欧型の政治を目指そうなんていう主張も見かけますが、北欧は税金がとても高い一方で、政府が物凄く国民から信頼されているんですね。透明性も高くて、説明責任を果たしているからです。信頼できるから高税率を許容できるわけです。日本はどうでしょうか。まったく背景が違います。

高い税率を認めるのであれば、透明性の改善と説明責任の徹底を先行してやってくれないと難しいですよね。そのあたりは与野党ともによく考えていない印象です。

たとえば西田さんが、身近なことで政治に怒っていることを教えてください

身近なことでいえば、勤務先の東京工業大学（以下、東工大）の部局の廊下の共通スペースの蛍光灯が切れている。それもかなり前から…。3本のうち2本はついているから、まぁいいんですが。電気がつかないのは予算がないからです。文部科学省の予算が少ないからです。部屋はぼくが使っているから廊下もぼくの研究費で買ってもいいんですけど、ぼくからすれば、なんでぼくの研究費で付け替えないといけないの？　という気がします。

それもこれも、**文部科学省の予算を獲得する力が弱いからであり、そのしわ寄せが国立大学に来ているから**です。年々、学生1人当たりの経費も落ちていっています。毎年、ぼくらの給料も研究費も削られています。

2004年の行政改革で国立大学は法人化されました。要は、「これから、あなたたち大学に自由にやらせるから、おのおの自分で稼いでね」ということです。でも、もともと国立大学を法人化するときには「運営費交付金（国が各大学に交付する予算）は減らさない」という約束だったのに、1％ずつ削減されていきました。これも**「ウソつき政治」の悪影響**です。

東工大の場合、国からの予算はだいたい4割くらい。あとは受験料収入とか授業料収入で、全部を足し合わせると7割くらいです。残りの3割は、例年いくら入って来るかわからない。

Nishida's *memo*

行政改革　小さな政府（簡素で効率的な行政）を目指す改革。国民からは「国民いじめだ」とする批判が強くあった。

変動的資金です。安定的財源がないというのは結構恐ろしいことですよ。

国の予算は奪い合いです。各省庁が「これだけほしい」と毎年、概算要求書を財務省に提出するのですが、**子どもが減っているので、「教育予算＝文科省予算」はどんどん減らされています。**東京藝術大学も経費削減のために練習用のピアノを売却するというので、話題になりましたよね。

国立科学博物館も光熱費の高騰などを受けて、クラウドファンディングで解決しました。「国立」とついているのに独立行政法人なんです。でもすぐに目標金額の1億円が集まり、財務省の思うツボかもしれません。「国家百年の計は教育にあり」といったものですが、日本では死語になりつつあります。「追いつけ、追い越せ」の昭和の方がまだましだったかもしれませんね。

国立大学法人運営費交付金予算額の推移

※平成25年度は給与臨時特例法等による減額分、平成26年度は同法の終了に伴う増額分が含まれる。
平成16〜27年度の増減累計額▲1,470億円。

(内閣府 第1回会議資料「文教・科学技術関係予算の現状」をもとに作成)

Nishida's memo

クラウドファンディング インターネットを介してお金を集めたい人と出資したい人を結びつけるサービス。

「児童手当」のあり方について まともな議論がなされていない

児童手当というのは、「子ども・子育て支援の適切な実施を図るため、父母その他の保護者が子育てについての第一義的責任を有するという基本的認識の下に、児童を養育している者に児童手当を支給することにより、家庭等における生活の安定に寄与するとともに、次代の社会を担う児童の健やかな成長に資することを目的」（児童手当法より引用）に、子ども1人につき最大月「1万5000円」がもらえるという制度。

世帯年収が960万円以上だと「5000円」に減額され、年収1200万円を超える世帯はもらえません。低所得者ばかりが優遇されていると声を上げる人がいらっしゃる。気持ちはわからなくはないですが、社会保障の原則も、法の趣旨もまったく周知されておらず、ため息が出ます。最近の政治家は国民に不人気な主張をする気がなさそうです。

政府は、異次元の少子化対策の一環として、2024年から所得制限の撤廃や、高校生までの支給延長、それに第3子以降の3万円への増額といった拡充策を発表しました。

ぼくは、控えめにいえば所得制限はどちらでもいいか、あってもかまわないと考えています。

Nishida's memo
社会保障の原則「健康で文化的な最低限度の生活を営む」ために、人々がお金（保険料）を出し合う助け合いの仕組み。

「えっ」と驚かれる人もいるかもしれません。誰でももらえるものは多い方がいいし、ぼくだってそうです。だからこそ本当は、ぼくではなく政府や政治家が目先の人気取りに走らず、正面から説明するべきです。

所得制限は不公平とか差別だとか言いますが、課税は多く支払う能力のある人が多く負担するのがキホンです。この原則を崩してしまうと社会が成り立ちません。年収1200万円を超えるたった5％の豊かな人たちの所得制限撤廃を取るか、それとも生活が厳しい中位以下の世帯の児童手当を拡充に回すのか、財源が変わらないのであれば、両者は天秤にかかりえます。

児童手当がもらえないのは相対的にはかなりの高所得世帯で、別にボーダーラインの人たちが中心ではありません。この人たちに月5000円、つまり年間6万円給付することにどんな政策的な意味があるのでしょうか。消費促進効果も弱く、人気取りにほかならないでしょう。ただし、都内で生活している方で、ボーダーにいる世帯は確かに不公平感が大きいかもしれませんね。都市加算のような仕組みはありえるのかもしれません。

子育て支援というのは、産めよ増やせよみたいな話ではなくて、子どもが生まれた世帯の家計のサポートであって、団塊ジュニア世代が50代になってしまい、親の数が減ってしまっていますから、もはや短期的に人口を増やす政策にはなりません。**手遅れ。**もちろん、**無策だった政治と行政の責任**です。人口を増やして消費を維持したり、日本のマーケットサイズを維持したければ、**今以上に在日外国人や移民を増やす政策が有力**です。

保守派の人たちは忌み嫌いがちですが、考えてみてください。人口が減少して集落や街、里山が維持できず寂れてしまうのがよいか、それとも移民に頼るのがよいか。円安や超低成長経済などによって経済的魅力は減じてしまっていますから、今後日本に来る人には「日本が好き」な人が増えるのではないでしょうか。

そういった人たちの力を借りながら、伝統的な景観や文化を存続させることができないか、改めて考えてみるべきです。ぼくは後者の方が好ましいと考えます。

少子化対策に話を戻すと、**日本の場合は少子化対策と子育て支援をごちゃっとひとまとめにして議論しがちで、本来は分けて考えるべきもの**です。

別の例も挙げてみましょう。住民税を考えてみてください。住民税は支払う額がみんな違うでしょう。でも、多く払っている世帯も、払っていない世帯も、享受しているサービスに大きな違いはほとんどないはずですし、目くじらを立てる人も多くはありません。

最近は子育て対策への関心が高まっていますから、要は児童手当の所得制限は目につきやすいことによる不満なのです。**きちんと税や所得制限の意味を考え直したいですし、政府や政治家もきちんと説明するべき**です。

Nishida's memo
保守派　昔からの伝統や考え方を守っていこうとする立場の人々。移民の受け入れに対しては反対・慎重論が強い傾向。

児童手当の額　現状と拡大後（月額）

年収	現状（児童2人＋年収103万円以下の配偶者の場合）	拡充案（2024年度中実施予定）
960万円未満	0〜2歳 15,000円	0〜2歳 15,000円
	3歳〜小学生 10,000円 ※第3子以降15,000円	3歳〜小学生 10,000円
	中学生 10,000円	中学生 10,000円
	高校生 0円	→ 高校生 10,000円
960万円〜1,200万円未満	5,000円	所得制限なし ※第3子以降30,000円
1,200万円以上	0円	

（厚生労働省 第5回社会保障審議会年金部会「参考資料 こども未来戦略方針」をもとに作成）

こんな日本に誰がした！「失われた30年」は政治が関係しているのか

かつての日本の強さは、トップの富裕層の伸びというより、「分厚い中間層」に支えられていました。やはりそこがたいへんやせ細ってしまったというのが、失われた30年のなれの果てでしょう。

日本の中間層以下ではこの30年間、消費税の増税、社会保険料の段階的な引き上げ、介護保険料の新たな創設などで、税金と社会保険料の負担が激増しています。

その一方で、企業は景気がよくなっている時期においても賃上げをしませんでした。人件費を圧縮することで利益を生み出してきました。

コストカットは日本の〝得意技〟です。オイルショックも、そうやって日本は乗り越えました。アメリカや欧州との違いはなにかというと、アメリカや欧州はリストラクチャリングで乗り越えました。リストラクチャリングとは、ただ人を切ることではなくて、労働時間を短縮するとか、職場の生産性を上げることです。

ぼくは、**失われた30年は政治のせいというより、どちらかというと経済界の罪の方が根深い**

Nishida's memo　社会保険料　健康保険、年金保険、介護保険、雇用保険、労災保険など全般を指す。社会保険料率は現在おおむね30%。

と考えています。日本の「経団連」に所属するような大企業のことです。日本企業はコストカットをして内部留保を貯め込むだけで、未来に向けての投資をしないから生産性も向上しないし、イノベーションも起こらない。

それから教育や政治、行政のさまざまな審議会や有識者会議で、人をたくさん送り込んで、民営化と規制緩和を主張しました。成果があったでしょうか？　ＪＲはドル箱の新幹線を抱える東海を除くと、どこも経営難。郵便局はサービス低下が都市部でも進むばかり。そもそも経済で成果が出ていないのだから、「民間の知」なるものがロクに機能していないのは明らかですので、**とりあえずまずは景気と経済をなんとかすることに専心すべき。**なのに、声の大きなビジネス・オピニオンリーダーが周回遅れ

社会保障負担の見通し

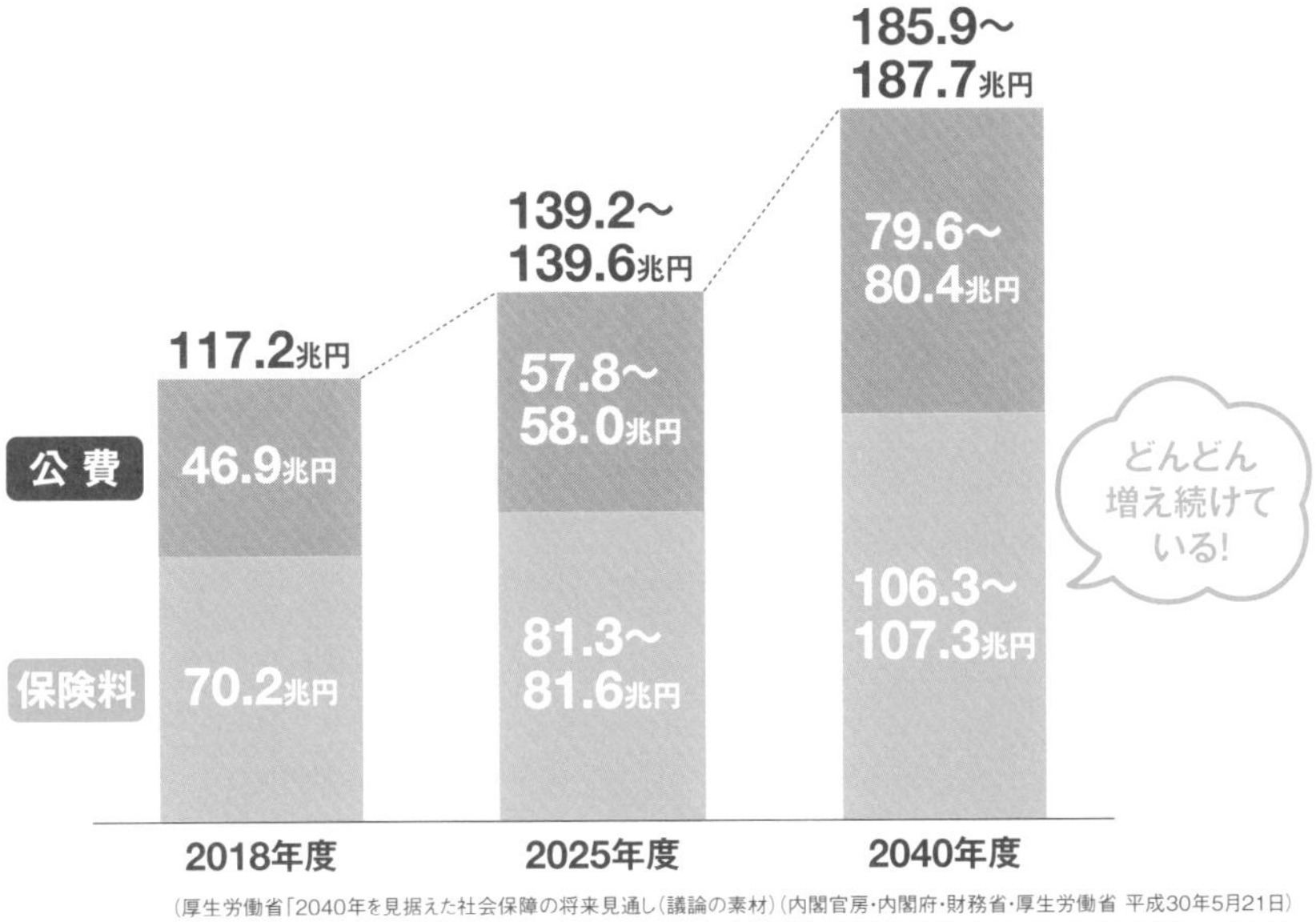

（厚生労働省「2040年を見据えた社会保障の将来見通し（議論の素材）（内閣官房・内閣府・財務省・厚生労働省 平成30年5月21日）〈社会保障負担の見通し（経済：ベースラインケース）〉」をもとに作成）

Nishida's memo
経団連　日本経済団体連合会の略。日本の大手企業を中心に構成された経済団体（利益団体）。加盟企業は約1500社。

の主張を繰り広げていて、教育や政治、行政などのセクターは多大な迷惑を被っています。

政治の課題を強いて挙げるとすると、とりあえずは2つ。1つは消費税率の引き上げを中途半端なところで2度やってしまったこと。 安倍晋三元首相は、「デフレを脱却するまで、消費税率は上げない」と公言していたのに、2度も上げました。国民はもっと「ウソつきだ」と、怒るべきでした。増税で嬉しいなんていう奇特な人はそれほどいないですから、そうしたことにいちいち怒るべきなんです。個人的には、消費税率の引き上げはもっと先延ばしにすべきだったと思います。

それから**3本の矢の3本目の「成長戦略」がなかったことです。** 金融緩和にせよ、円安への誘導にせよ、基本的には成長戦略が盛り上がってくるまでの〝時間稼ぎ〟だったはずです。次の新しい〝産業の芽〟にお金を流して、景気の好循環をつくると書いてありましたよね。

それが花開いて、実体経済も成長基調に乗っていくのが好ましかったわけですが、それがなかった。でもぼくは、相当程度アベノミクスは評価しているんです。株価は上がったし、失業率も下がったし、正規雇用者も増えました。自殺者数も3万人を割り、2万人近くまで下がりました。あれがなかったら日本はどうなっていたのか。**「アベノミクスは失敗だった。効果がなかった」というステレオタイプな批判はナンセンス**です。

円安が進み「安い日本」になりましたが、輸出産業はたいへん好調です。輸出ビジネスはのきなみ増収増益ですから、本来であれば企業が社員に人件費で還元すべきです。それを怠って

Nishida's memo

デフレ　物価が下がり続けてお金の価値が上がり続けること。モノが安く買えるのはいいことだが、たいてい給料も下がる。

きたというのがあります。だから物価高で苦しんでいるのに、われわれの給料が伸びない。下請け企業や系列企業にも、利益を還元していません。

誤解を恐れずに何度でも言いますが、諸悪の根源は大企業。自民党としては、自分たちの支持母体でもあるので強く言えないということもあるでしょう。

大学生に3年生から就活させるのもどうかと思います。

日本人の知力がろくでもない理由として、「大企業就活説」を半分冗談、半分本気でぼくは信じていて、新卒一括採用という謎のシステムで、エントリーシートとテキトーな面接で「コミュニケーション能力を見る」。大学を卒業して2年目とか3年目の学生とほとんど変わらない面接担当が兄貴風を吹かせて、圧迫面接をやっているわけですよ。そんなので、なにがわかるのでしょうか？　無意味です。

でもやっぱり新卒一括採用は、大企業の、特に人事部にとっては低コストで合理的なシステムです。人事に手間とコストがかかりませんから。職務範囲を規定して採用するジョブ型雇用待望論もありますが、本気なら民間で好きにやればいいわけです。でも、実現しないまま。

最近は少し変わりつつありますが、この構造では学生にとっては真面目に勉強するのが無駄なんです。学生に勉強するモチベーションがわかない。どうせ就活が〝宝くじ〟みたいなものだからです。腐らずに相対的にマシな転職市場で勝負するのが吉です。

物価は上がるのに給料は上がらない私たちは政治のせいで損している？

給料が上がらないのは先に述べたように、政治じゃなくて大企業のせいです。**日本の物価は欧米と比べれば、まだうまくコントロールされている方**です。物価上昇率が前年比3％超えで、歴史的に高い数字になっているといわれますけど、アメリカや欧州はそれよりも程度高い。エネルギー価格に限定すれば40％超えの水準ですから、そういう意味では日本は物価のコントロールに関しては比較的うまくやっているんじゃないでしょうか。

もちろん、「税金をつぎ込んだ（補助金を出した）から」ですが、そうでなければ今ごろパンにしてもパスタにしても、物凄く値上がりしているはずなんです。

ただし、政府が出す補助金の〝規模感〟を許容できるのかどうか。

原油高によるガソリン価格の高騰を抑制するために導入している「燃料油価格抑制制度（激変緩和措置）」で、石油元売り会社（石油を輸入している大企業各社）に支給されている補助金は1カ月当たり3000億円です。すでに投入された税金は、なんと6兆円を超えています。

他方、児童手当の所得制限を撤廃するのにかかるお金は、年間で1500億円（1カ月じゃなくて年間ですよ！）という話ですから、毎月それ以上の金額が企業に投入されています。

Nishida's memo

補助金　国や自治体が、さまざまな政策を実現するために企業や個人に対して支給するお金。原則、返済しなくてよい。

もちろんその見返りとして、選挙のときには票も投じてくれるし、献金もしてくれるし、当然、天下りも受け入れてくれるのでしょう。国にしてみたら、個人にお金を配ったところでこうしたメリットはありませんから。

政治の問題でいつも思うのは、ケタが大きくなりすぎると、多くの人たちはワケがわからなくなって思考停止になりがちなこと。

似たものをいくつか比較してみるとわかりやすいと思います。たとえば、児童手当は年間総額1・3兆円です。国立大学80校超に出している運営費交付金がだいたい1兆円くらい。それから防衛費が約7兆円で、これが今後倍増となる。

みなさん納得できる感じでしょうか？　庶民がないがしろにされ、「日本はなぜ暴動が起きないんだ？」という人もいますよね。政策の知識不足と諦めを心配しています。

ぼくがよく引き合いに出すのが、内閣府がずっと実施している「社会意識に関する世論調査」です。この中に「国の政策に民意が反映されていると思うか」。つまり、自分の1票が政策に反映されていると思うかを問う設問があります。これが、一貫して「ノー」なんです。

昭和の時代から現在に至るまで、とにかく低い。政権はほとんど関係ありません。

この結果を解釈すると、**多くの人たちは、「われわれの国の政策に、民意は反映されていないと認識している」**ということです。

だからなにもしない。投票率も低いけれど、かといって打ち壊しもしない。ある意味フシギで

Nishida's memo
献金　政党や政党支部、政治資金管理団体に渡される寄付金。賄賂と見分けがつきにくく、政治と企業がもたれ合う関係を生む。

すが、よくも悪くもそういう社会になっています。

いってみれば**政治に対する「諦念」**、**諦めの気持ちみたいなものに覆われている**のだと思います。「政治的有効性感覚」といいますが、**自分の1票が政治を変えることはないと思っている。**そうすると投票率も低くなりがちですよね。

その一方で、「社会に対して満足か否か」を問う調査では、「満足している」という回答が、「満足していない」という回答を2016年以降、ずっと上回っています。不満ですらない。**たとえ政権が腐敗していても、毎日そこそこの暮らしができればいい。**政治に興味を持たなくても、ある程度みんなが幸せに暮らせていることの証左でしょう。

では、投票率が高くなるのはどんなときかというと、小泉純一郎元首相の郵政選挙のとき。もう1回は、民主党への政権交代のときです。郵政選挙は小泉氏という特異な人による劇場選挙みたいなものであまり気にしなくていいと思いますが、本当に政権交代が起きうると多くの人が思う本格政党が出て来れば、われわれも期待して投票に行くことは明らかです。

でも、立憲民主党などの野党も、結局、共闘するのしないのと本気で政権を取りに行く気がなさそうですよね。その間隙を縫うように日本維新の会や左右の極端な意見を主張する新興政党が出て来たというのが今の政界の状況ではないでしょうか。

Nishida's memo
内閣府 2001年に省庁の縦割りを解消するために新設された機関。各省庁の利害関係の調整や、意見の橋渡しを行う。

国の政策への民意の反映程度

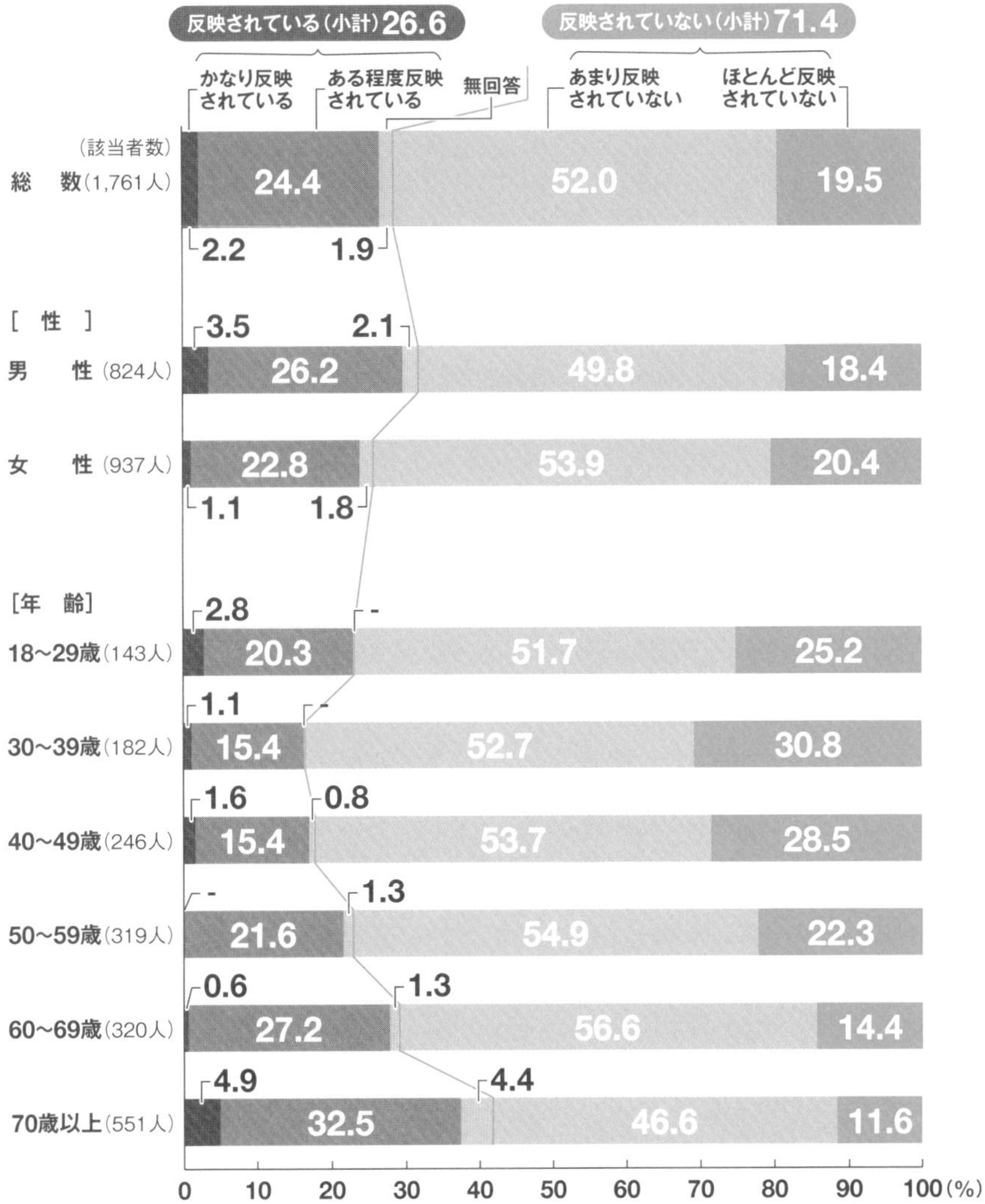

（内閣府「『社会意識に関する世論調査（令和4年12月調査）』の概要《国の政策への民意の反映程度》」をもとに作成）

Nishida's memo

本格政党　内閣をつくって政治を行える、現在でいえば、自民党に対抗できるような本格的な政党。

世界では「人口爆発」が問題なのに日本の少子化はいけないことなのか

ぼくは、**まず日本の少子化を食い止めることは相当難しい**と考えています。

豊かになると、多くの国で少子化が進みます。中国も少子化が進んでいますね。個人主義化すると、やはり子どもや子育てが「コスト」に思えてくるんじゃないでしょうか。確かに中学受験なんかすると、コスト感ハンパないです。ぼくも10年以上子育て中ですが、いろいろな喜びや親自身の成長もあるんですけどね…。

子育ては、やはり女性に負担がかかるので、女性の社会進出と子育て対策が両立できている国はほとんどないです。フランスは成功例といわれますが、結局、合計特殊出生率は2を超えていません。男女2人の大人から産まれてくる子どもの数が2を超えなければ、基本的に人口は減っていきます。

日本は実質的にまだまだ男女平等の社会とはいえません。自分の時間とお金を奪われるし、結婚しない方が合理的かもしれない。子どもを産むのは男性にはできないことですから、女性がそう思ってしまうと子どもは当然生まれにくくなります。それが日本の現状だと思います。

世界は「人口爆発」しているんだから、トータルで考えると日本が減ってもいいんじゃない？

Nishida's memo

合計特殊出生率　1人の女性（15～49歳まで）が一生の間に産む子どもの数の平均。人口を維持するには2.07必要。

という考えもあります。

日本の場合は国内で稼いでいる企業が多いので、人口が減ると購買力が低下して、内需をあてにしている日本企業の業績がダダ下がりになる可能性は高いですね。日本に一定の労働力人口とか納税する主体や企業がなくなっていくと当然ながら国の活力はなくなります。

もちろん付加価値がきちんと生み出せれば、人口と国の経済の強さは別物ですが、今の日本の状況を見ていると不安になります。

若い人が多い状態で、全体としてゆるやかに人口が減っていくのであればまだしも、われわれの社会はそうなっていないですよね。頭が重たい状態、つまり高齢者がやたらと多い状態で人口が減少している。そうすると人手不足になったり、お年寄りは物を買わないから景気がイマイチという感じになります。これは厳しい。

イーロン・マスク氏が、このままいけば「日本はいずれ存在しなくなるだろう」とコメントしたそうですね。人口はなんとなく維持されている状態が好ましいとは思いますが、**人口減を食い止めたいなら移民に対して門戸を開いて、日本国内で子どもを育ててもらって、その人たちと「新しい日本」をつくっていくしかないのかもしれません。**

もちろん、そうなると解決しなければならない新しい問題も多々出て来るとは思いますけど、歴史を紐解いてみれば、先人たちもそうやってきたわけですよね。

ガソリンが高いのは税金のせいなのか
減税ではなく、なぜ企業に補助金？

　ガソリンが高くなりましたね。ぼくも趣味でハイオクの燃費が悪い車に乗っているので辛いです。たばことかビールにもかなり税金がかかっていますが、ガソリンには複数の税金が乗っかっています。ただ、先進国の中では日本のガソリンは、税金を入れてもアメリカに次いで安いこともまた事実です。

　ガソリンの日本における課税は本体価格にまず石油石炭税がかかります。さらにガソリン税が2つ、本則税率と上乗せ分（旧暫定税率）が上乗せされ、これらすべてのパッケージ価格に、今度は消費税がかかります。二重どころか多重課税で、小売価格の4割相当が税金です。

　そもそも**日本には、「トリガー条項」というものがあります。**租税特別措置法という法律で定められていて、ガソリン価格が160円を3カ月連続で超えた場合は、ガソリン税のうちの上乗せ分を削ることができるという仕組みです。これを普通に発動すれば、1リットルに25・1円が課されているガソリン税の上乗せ分（旧暫定税率）が停止され、一気にガソリン価格を抑えることができます。

　ただ、東日本大震災が起きた後、復興財源を確保するという理由で、トリガー条項が凍結されています。これを解除するには「租税特別措置法」の法改正が必要です。**慢性的な財源不足もあって、構造的な減税を伴う措置は極力行わず、対症療法的な補助金や期限付きの減税で乗り切りたい**ということでしょう。それでいて、**政府は復興特別所得税を「防衛費に充てる」**といっています。ちぐはぐにもほどがありますね。

ちなみに一部で人気の高い消費税減税ですが、これは経済学的にも効果が見込めますが期待薄。ガソリン財源の構造的減税もできないわけですから、より安定的で規模の大きな消費税減税に手がつけられるとは考え難いですね。なお欧州の場合は、もともと消費税に相当する付加価値税が高いので、暫定的に下げやすいという事情があります。日本に消費税減税や廃止を訴える党がありますが、この状況では現実的ではないと思います。

ガソリン小売価格の税金の内訳

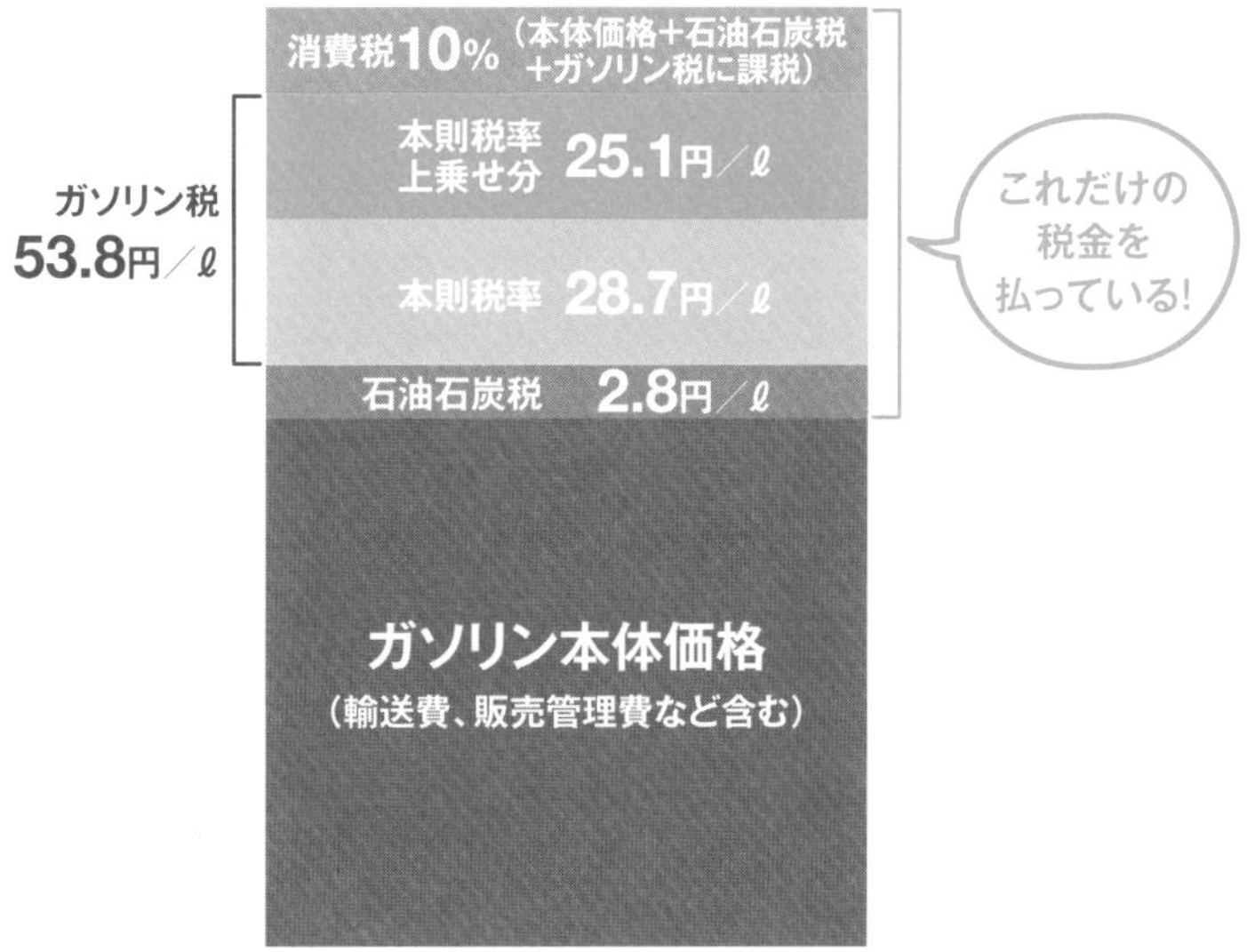

（日本エネルギープランナー協会「ガソリン小売価格の仕組みと決定要因」をもとに作成）

Nishida's memo
復興特別所得税　東日本大震災からの復興財源に充てるため2037年末まで、所得税に2.1%上乗せして徴収される特別税。

議員たちの公費での旅行は意味があるのか実際のところを知りたい

「エッフェル姉さん」「エリー・アントワネット」…、ネットのネーミングセンスに脱帽ですが、自民党の女性局の議員たちの話です。

この人たちのフランス研修中、パリのエッフェル塔の前でポーズをとって撮影した写真をSNSに投稿したところ、「観光旅行のようだ」と大炎上したんですね。

しかも、そのフランス研修には娘も同行していたことがわかり、「大使館に子どもの世話までさせるのか」とブーイングの嵐。

国会議員の「研修旅行」という名の旅行にウン億円も出すお金があるなら、資金が危機的状況にあるとして、クラウドファンディングで1億円の資金を募ると発表した国立科学博物館を支援してほしいし、政府はお金の使い方を間違っているんじゃないか、と思った人もいることでしょう。

博物館は子どものためにあるものです。イギリスの大英博物館は、無料。大英博物館に限らず、イギリスは国立の博物館や美術館、ぜんぶ入場無料。

日本の緊縮財政もいきつくところまでいった感があり、こちらを充実させてほしいものです。帰国した議員は、**「党からの資金と参加者の自腹」**と釈明しましたが、**政党には政党交付金が給付されている**こともあり、これがまた火に油を注ぐ結果になりました。

「政党交付金」とはなにか。これ、私たち全員に関係があります。

これは国民1人当たり250円（議論した当時はコーヒー1杯分といいました）の税金を各党に割り当てる制度です。導入したのは、「クリーンな政治」を目指したから。

昔はロッキード事件だ、リクルート事件だと何千万円という巨額のお金が動いただけでなく、選挙でも露骨にお金がばら撒かれて、政界は腐敗していました。1988年に発覚したリクルート事件では、多くの有力議員が摘発されました。

政治にはお金がかかる。企業や団体からの献金や寄付でまかなおうとするといろんな汚職が起きたりするから、そういうことのないように**国から政党に助成しましょう**と1994年の政治改革でできたのが**「政党助成金制度」**です。その代わり、企業・団体献金を広く制限しました。

しかし、政党交付金とは別に、ちゃっかり今も政党支部等への寄付が可能なので、**実質的に企業献金は受け取っています**から、導入されたときに想定されていた気高き理想はどこへいったのやら。**よく目を凝らさないと、「政治改革」はお手盛りになりがち**です。一時期話題になった旧文通費問題の透明化も遅々として進まないままです。

Nishida's memo
政党交付金　政党の活動を助成する目的で、国庫から政党に交付されるお金。政党助成金ともいう。

ちなみに政党助成金の2023年分の総額は約315億円。国会議員の数などに応じて各党の配分額が決まります。自民党には約160億円。自民党の全収入に占める政党助成金の割合は約6割です。つまり、政治活動の多くを税金に頼っているものの、自民党の金庫にはいろんなお金が入ってきます。

でも、**政党交付金の使い道については国は一切、口を出さない、自由だ**ということになっています。良識に任されているので、なにに使っているかはよくわからないのです。これはちょっとよろしくない。**領収書添付徹底や電子的な入力を通じて再分析をしやすくして透明にすべき**です。

渦中のメンバーの1人は「次回の内閣改造での大臣内定をもらっていたのに、〝あんなしょうもない〟ことでダメになっちゃった」と漏らしたとか。その気持ちもわからなくはありません。昭和の政治家たちの手記を読むと、向こうで女性をアテンドしてもらったとか、エッフェル姉さんとは比較にならないほど海外で無茶苦茶やっていたことを窺わせる記述もあります。

もちろん国民感情に配慮が足りなかったとは思います。物価高もありますし、新型コロナで長く海外へ行けず不満が溜まっていました。ぼくは案外、物見遊山的な海外視察は肯定的です。物見遊山でしか広げられない幅もあるはずだからです。そのバランスはいったいどのあたりにあるのが好ましいと考えますか？

政党交付金の交付の対象となる政党の要件

「政治資金規正法」上の政治団体(※)であって、次の(1)(2)のいずれかに該当するもの。

(1) 所属国会議員が**5人以上**

(2) 所属国会議員が**1人以上**、かつ、次のいずれかの選挙における全国を通じた得票率が**2%以上**のもの

○**前回の衆議院議員総選挙**(小選挙区選挙又は比例代表選挙)

○**前回の参議院議員通常選挙**(比例代表選挙又は選挙区選挙)

○**前々回の参議院議員通常選挙**(比例代表選挙又は選挙区選挙)

どちらかが該当すればもらえる

※政治資金規正法においては、下記の活動を本来の目的とする団体又は主たる活動として組織的かつ継続的に行う団体が「政治団体」とされています。
(1)政治上の主義若しくは施策を推進し、支持し、又はこれに反対すること
(2)特定の公職の候補者を推薦し、支持し、又はこれに反対すること

(総務省「政党交付金の交付の対象となる政党」をもとに作成)

各政党への2023年交付の政党交付金

9党に総額約315億円も!

自由民主党	159億1,011万円
立憲民主党	68億3,259万9千円
日本維新の会	33億5,145万1千円
公明党	28億6,989万8千円
国民民主党	11億7,325万1千円
れいわ新選組	6億1,969万1千円
政治家女子48党(現・みんなでつくる党)	3億3,443万円
社会民主党	2億6,016万6千円
参政党	1億8,492万3千円

日本共産党は受け取りを拒否!

(総務省「令和5年分政党交付金の交付決定」をもとに作成)

最近多い電動キックボード あれも政治が関わっているのか

補助金をもらいたいと思うと、企業はまずは霞が関（省庁）や政治家、議連などにも陳情します。議連とは議員連盟の略。さまざまな議連があります。自分たちの窮状を訴えて、議員に動いてくれるよう働きかけたり、イベント登壇を企画したりします。人間は弱いですから、いつの間にか業界の「お抱え」になってしまうことがあります。いわゆる族議員です。

こうして、**一部の企業や業界の影響力が、政治に過剰に行使される**ことになります。

陳情やロビイングは大企業だけのものではありません。NPOやスタートアップ企業、外資系企業も行っています。最近だと、「電動キックボードの規制緩和」などがうまくハマった例ですね。その時々、「政策のトレンド」がありますから、それとからめるんです。「電動キックボードって、エコじゃないですか?」「北欧ではやっています」という理由を、それらしいグラフや資料なんかと一緒にくっつけていくと、不思議なことに段々それらしい資料ができあがってきます。

かくして「あ、いいね。じゃあ規制緩和の対象にしよう」と話が進んでいくことになります。

Nishida's memo

族議員　特定の政策分野に精通し、関連する省庁の政策決定に強い影響力を持つ国会議員の俗称。利益団体の代弁者の役割も。

結局、道路交通法が改正され、国土交通省が定める規格を満たした電動キックボードなら、運転には免許不要。ヘルメットの装着もなしでOKになりました。

その後どうなったか？　事故が多発。２０２３年の道路交通法改正で電動キックボードが解禁されましたが、解禁された7月の人身事故件数が同年1〜6月の事故件数のおよそ半分程度の数にのぼりました。法改正の背景には、電動キックボードのシェアリングサービスを提供する事業者のロビイングがあります。

一方で、カウンター的なロビイングもあるわけです。

コロナ後、タクシー不足でも自家用車を利用した「ライドシェア」が解禁されないのは、タクシー業界がイヤがってロビイングをしているからです。海外では、ウーバーのライドシェアとしての自家用車が走っていますが、日本では普及していません。ネット企業など海外の影響力の大きな事業者も事実上のロビイングを盛んに行っています。

ある種、業界の声が適切に政治に反映されているともいえるし、でも、**参入したい事業者からすれば、ビジネスの機会が奪われている。**どちらがいいかはなんともいえないですね。

民泊なんかもそうです。今、訪日客が増えて、ホテルが足りない。観光客に個人の自宅やマンションの空き室を貸し出すビジネスが「民泊」ですが、日本だと、「住宅宿泊事業法」という法律で相当に管理された民泊しか認められていないんです。

Nishida's memo

ロビイング　自社のビジネスが有利に展開できるように政府に対してルールをつくってもらえるよう働きかける活動。

これを「既得権の強烈な抵抗」と捉えるのかどうか。**ライドシェアが「白タク」と呼ばれて日本では原則禁止されているのも、民泊の規制が残っているのも、すべて政治と関係します。**

最近は、「買い物弱者」の問題やタクシードライバーの高齢化問題が深刻で、ライドシェアの解禁には賛成の声が多くなってきました。政策トレンドの「シェアリングエコノミー」ですが、菅義偉前首相など前向きな議員も相当数いるので、タクシー業界は厳しい立場。国土交通省が慎重姿勢を変えるのかどうか。**最後は政治決着でしょう。**ロビイングそのものが問題というより、ロビイングのルール、特に透明性を担保するルール不足が問題です。

業界団体は、政治に課題感とか要望を伝える古典的な存在です。各社がバラバラに発言しているとなかなか声が届かないので、みんなが集まって政治に声を届ける。「○○先生、お願いします」と、議連をつくらせたりもします。「事務局は業界団体でやりますから」と事務局を丸抱えしたりして、協力してくれそうないわゆる族議員を集めてきたり、そういう活動をしながら「こういう補助金をつけてほしい」とか「規制改革をして」と働きかけるんです。

「サーフィン議連」なんていうのもあるんですよ。サーフィンが東京2020オリンピック・パラリンピックの種目として認められたこともあって、業界を盛り上げたいということでサーフィン業界と繋がった議連なんですが、これはあまりうまくいっていません。ノウハウも乏しいからでしょうね。議連はさまざまありますが、議連によって〝熱量〟は相当に違います。

Nishida's memo

既得権　すでに手に入れている権利のこと。規制によって守られている業界や団体は、この権利を手放したくない。

道路交通法で大きく変わった電動キックボードのルール

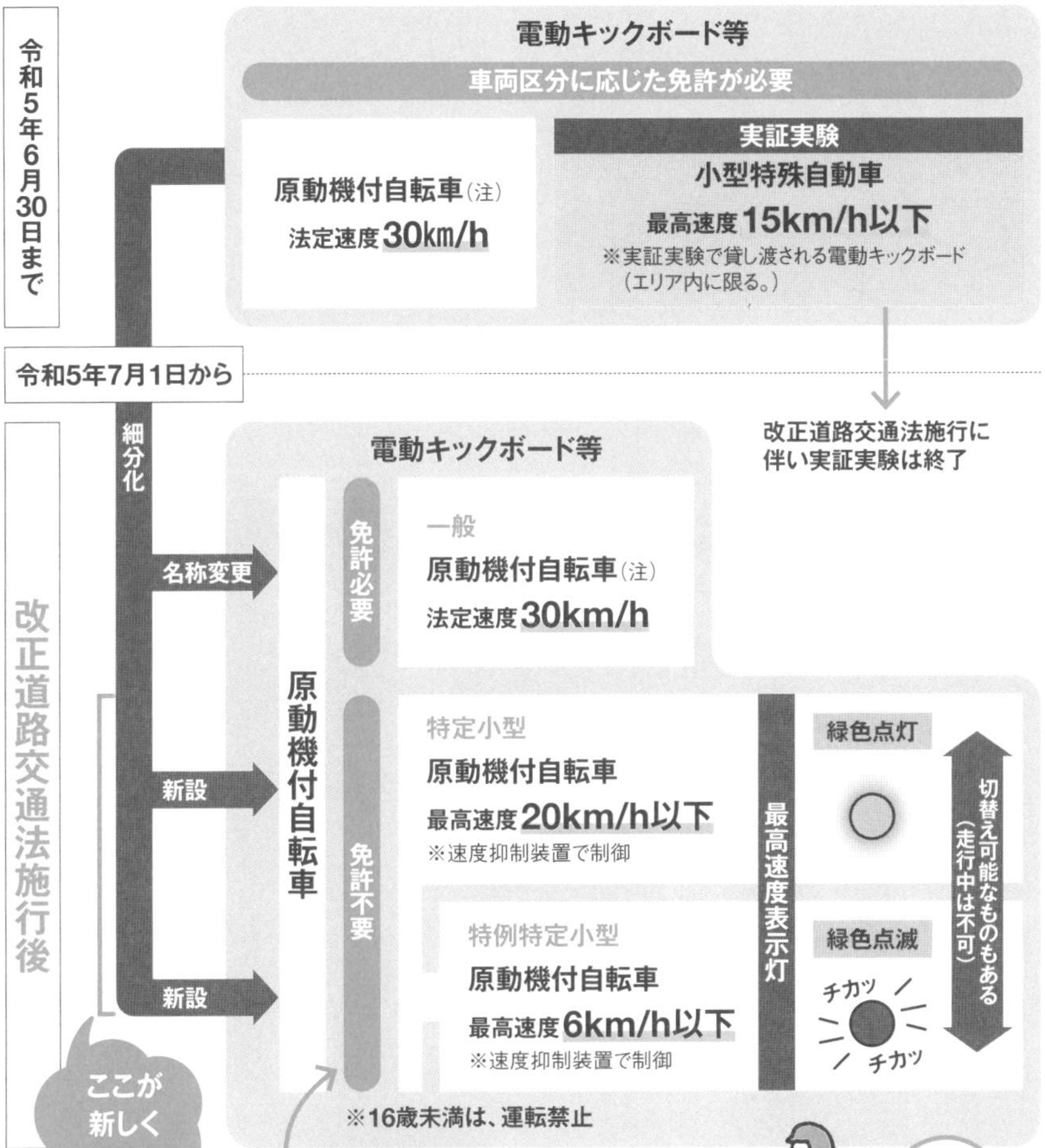
ここが新しくなった!
免許不要のものが!

（注）電動機の定格出力等により、車両区分が自動二輪等に該当する場合もあります。また、法改正後の「一般原動機付自転車」（特定小型原動機付自転車以外の原動機付自転車）は、従来の原動機付自転車と同じ交通ルールが適用されることとなります。

（警視庁ホームページ「特定小型原動機付自転車（電動キックボード等）に関する交通ルール等について」をもとに作成）

Nishida's memo

規制改革　すでにある規制（ルール）を緩和したり、なくしたりすることによって、経済の活性化を目指すもの。

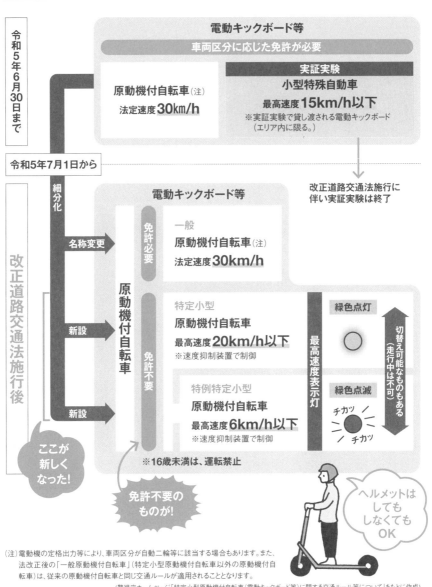

東京23区のマンションは億超えなのに議員宿舎は値下げの意味がわからない

東京の一等地にある参議院用の麹町議員宿舎（千代田区麹町2LDKのマンション）が建物の老朽化に伴い、2023年4月分の家賃から引き下げになったようです。月額9万2210円から、8万9642円に。相場の「5分の1」程度だそうで、うらやましい限りですね。「都内のマンション価格は高騰しているのに、議員宿舎の家賃を下げるってなにごとか！」みたいな批判がありますが、実はちょっと筋違い。まず、議員は緊急時にすぐに国会議事堂に駆けつけなければならないので、宿舎はたいてい都心の一等地にあります。

議員宿舎は地方議員のためにつくられたものです。地方選出の国会議員は「金帰火来」といいますが、金曜日に地元に帰って支持者に会ったり政治活動をして、国会がある火曜日に東京にやってくるというような生活をしていますから、東京都内にも拠点が必要です。議員宿舎がなかったら、市中のホテルに泊まることになるわけです。1泊1万円だとしても、かなりの出費になります。だから宿舎が必要になるんですね。

もし宿舎がなければ、お金がある人しか政治家になれないことになります。**持たざる者が国会議員になって政治活動をするには安価な議員宿舎が必要**なのです。だから地価の高いエリアに議員宿舎をつくって、リーズナブルな価格にすることに合理性があるんです。

あと、地元との行き来がありますし、政務調査で全国津々浦々回る可能性があるので、新幹線のグリーン車が乗り放題の無料パスや、月4往復分の航空券がもらえます。これも先ほどと同じ理屈です。必要に応じて幅広に見て回れた方がよいというわけですね。

なお、議員宿舎の家賃の値下げについては、「身を切る改革」を掲げている維新は反対、それ以外は与野党みんな賛成だったようです。ちなみに、この程度のコストを削減したところで、国家予算約114兆円の世界のコストカットにはなりませんし、宿泊費を削ったからら、国立科学博物館のコストを増やそうともなっていません。**なにが合理的かをきちんと見る眼差しと物差しが必要**ですね。

国会議員の活動に必要です

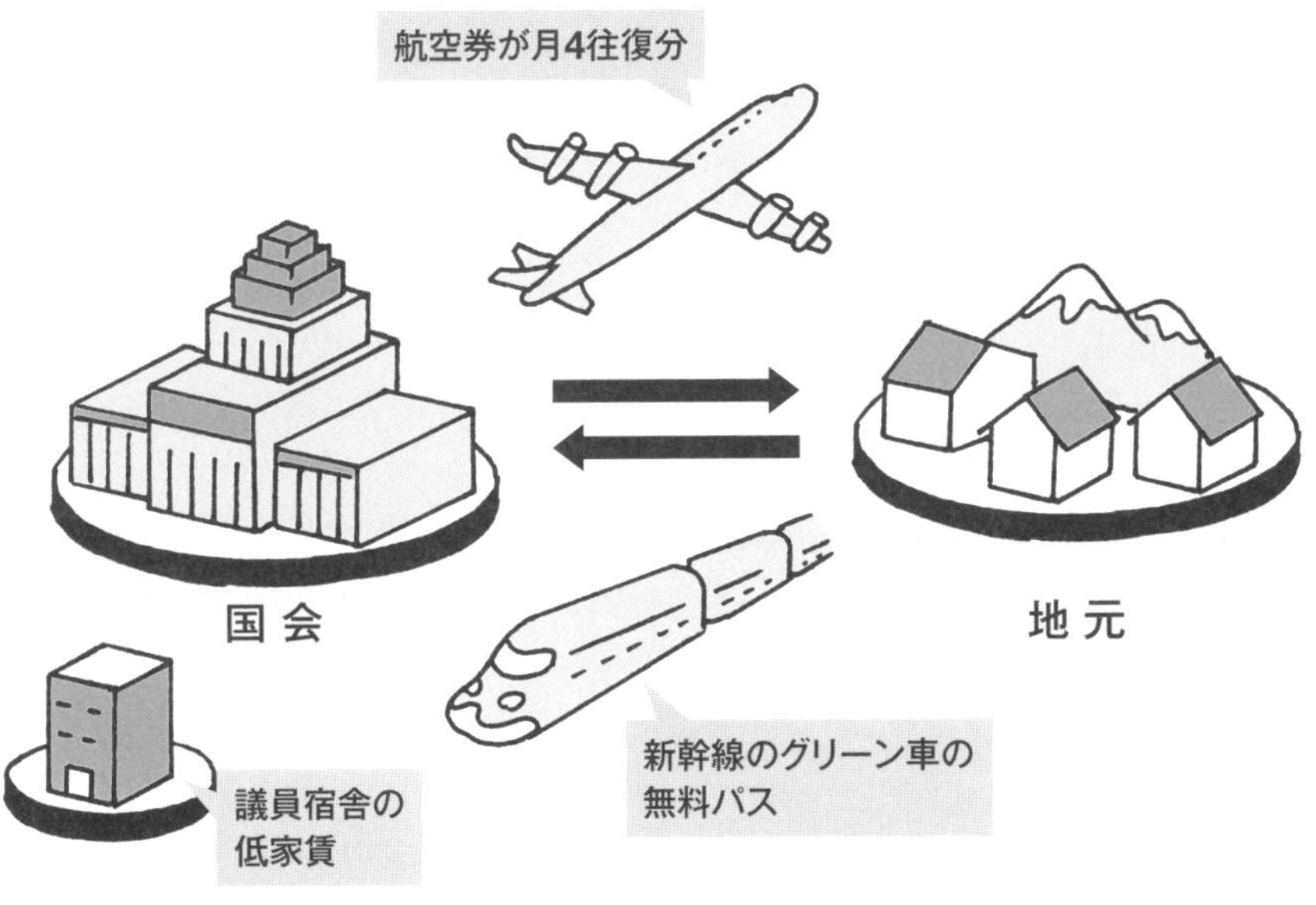

Nishida's memo　政務調査　法律をつくるなどのために、議員が各地へ研究・審査に出向くこと。

気前よく海外で資金をバラ撒く政権 国民が大事ではないのか

岸田政権は、今後5年間でインドへ5兆円とか、アフリカに3年間で総額約4兆1000億円規模とか、気前よく海外への支援を表明しています。SNSなどでは、「そんな余裕があるんだったら、まずは国民だろ」「国内で増税しながら、ふざけんな！」という批判があります。でも、これは**先進国としての責務としか言いようがない**かもしれません。アメリカにせよ、欧州にせよ、国内に困っている人がいないわけじゃありません。当然、先進国でも国内には格差があり、むしろ格差は日本より大きいのが現実です。でも、それでも人道支援とか、平和と安定化へ向けてとか、海外に資金を提供しているんですね。先に資源を使い、環境を汚染して、経済発展した国の責務と言い換えてもいいでしょう。

別の側面では、**安全保障上の結びつきを強化する狙い**があります。**今はこちらの方が露骨に強くなっている**ともいえます。経済安全保障というヤツです。わかりやすくいうと「味方を増やしておきたい」ということになります。日本がお金を出さなければ、権威主義国家がお金を出して開発をうながします。単にお金を出すだけじゃなくて、クチバシも挟むのが常套手段。特に発展の途上にあるアジア、アフリカはすでに相当程度そうなっている可能性が高いです。だから**日本も、苦しくてもお金を出す**んですね。

Nishida's memo

人道支援　紛争の被害者や自然災害の被災者の生命や安全を確保するために、援助物資やサービスなどを提供すること。

政府開発援助ランキング

日本は3位!

ODA実績贈与相当額（億ドル）		
順位	国名	2022年（暫定値）
1	**米国**	**552.8**
2	**ドイツ**	**350.2**
3	**日本**	**174.8**
4	**フランス**	**158.8**
5	**英国**	**157.5**
6	**カナダ**	**78.3**
7	**オランダ**	**64.7**
8	**イタリア**	**64.7**
9	**スウェーデン**	**54.6**
10	**ノルウェー**	**51.6**
11	スイス	44.8
12	スペイン	42.1
13	ポーランド	33.8
14	オーストラリア	30.4
15	デンマーク	28.6
16	韓国	27.9
17	ベルギー	26.6
18	アイルランド	24.5
19	オーストリア	18.5
20	フィンランド	16.1
21	チェコ	9.9
22	ニュージーランド	5.4
23	ルクセンブルク	5.3
24	ポルトガル	5.0
25	ハンガリー	4.0
26	ギリシャ	3.1
27	リトアニア	2.0
28	スロバキア	1.7
29	スロベニア	1.6
30	アイスランド	0.9
	DAC合計	**2,040.0**
参考	**EU**	**230.9**

※四捨五入の関係で、合計が一致しないことがある。

(外務省「2022年におけるDAC諸国の政府開発援助（ODA）実績（暫定値）」をもとに作成)

Nishida's memo

安全保障　国家・国民の安全と平和を脅威から守ること。軍事的な脅威だけでなく、自然災害や伝染病なども脅威に含まれる。

日本は教育費が高すぎるのでは？私たちの負担がたいへんです

日本の教育費は高くありません。額面だけで見ると〝格安〟です。でも**国家の教育負担が低く、国民負担分が高い**ことが知られています。教育は国家百年の計ともいいますが、今の日本政府は教育に長期投資する気がありません。

アメリカにせよ、欧州にせよ、高等教育授業料は家族ではなく学生自身がなんとかすべきという考え方です。そもそもアメリカは有力大学に私大が多い世界的にも珍しい国で、だいたい学費が日本の10倍。自己責任観が根付いている社会では教育ローンはむしろ普通なのかもしれません。

でも、日本や中国、韓国あたりでは、全般的に高等教育の授業料を家族がカバーしようとしてきた歴史があります。ところが日本の場合、世帯所得は伸びないどころか実質的には目減りしているので、家族がカバーできなくなり、学生の負担が増しているということでしょう。最近では、大学卒業後も返済に苦しむ若者が増えているということで、奨学金の返済を肩代わりする企業も出て来ました。

ぼくは、高等教育の無償化や減額を支持します。

Nishida's memo

無償化　お金を払わなくてもいいようにすること。いろいろな無償化があるが、身近なものでは教育の無償化など。

これは端的に予算が少なすぎるのが問題。**われわれの社会は我慢しすぎなので、不愉快なことがあったらもっと主張するべき**です。これは繰り返しですが、**教育費に限らず、多くのことに対して**ですね。

日本は先進国中で、大学院はおろか四年制大学の進学率が低い国になってしまいました。短大とか専門学校を入れると進学率は8割くらいなんですが、四年制大学に限れば5割強です。ただ国民の半分しか四年制大学へ行っていない現実があるのに、なぜ四年制大学への進学を国が手当てすべきなのかについては、今のところ明確な答えはありませんが、**よくも悪くも高等教育出身であることと生涯年収は日本でもかなり明確に相関しています。**納税額が増えることが期待できることや、知識生産の裾野拡大でしょうか。最近めっきり聞かなくなりましたが「生涯教育」、今風にいえばリスキリングを対にしてうながすべきです。

もし昔のような、「科学技術立国」とか「教育大国」みたいな国を目指すとすれば、なんらかのテコ入れをすべきでしょう。

四年制大学への進学率が伸びないのは、たぶん常識と異なりますが、四年制大学の量的不足があるのかもしれません。都市部においてはむしろ過剰気味ですが、地方においては選択肢が限られています。

東京・関西・中京・福岡・札幌エリアを除くと、大学の選択肢は、学部まで入れてもかなり少なくなります。静岡とかでも少ないし、東北などは土地の広さに対して大学の数は相当に少ないですよね。

最低時給や世帯の年収で見たときにも、都市と地方の格差は相当開きがあります。よって、地方の人たちが都市部の生活コストの高い地域に子どもを進学させられるかというと難しい。

地方の学生を大学に行かせる率を高める政策は、もっと個別に考えられるべきです。

東工大が独自に行っている奨学生募集制度に、①親が四年制の大学を卒業していない人を対象にした「ファーストジェネレーション枠」と、②高等学校の対象所在地が埼玉、千葉、東京、神奈川を除く地域で、自宅からの通学が困難な人に向けた、つまり地方出身者を対象にしたものがあります。

前者は、家族が大学に行っていないということは四年制大学に対する理解がなかったり、いろいろ不利な条件にあるだろうということで、その人たちを支援すべきだという趣旨です。これは結構いい。後者も、地方の意欲のある優秀な人をサポートする意図です。

2016年にノーベル生理学・医学賞を受賞した東工大栄誉教授・大隅良典氏は「このままいくと10年後、20年後にはノーベル賞受賞者が出なくなると思う」と警鐘を鳴らしています。

防衛費43兆円（2023～27年度の5年間の総額）から、1兆円くらい教育費に回してくれるとインパクトが相当出るんですけどね。現実にはその気配は乏しく、防衛費と比べて教育予算はお寒い状況です。

奨学金の人数と金額の実態（令和4年度）

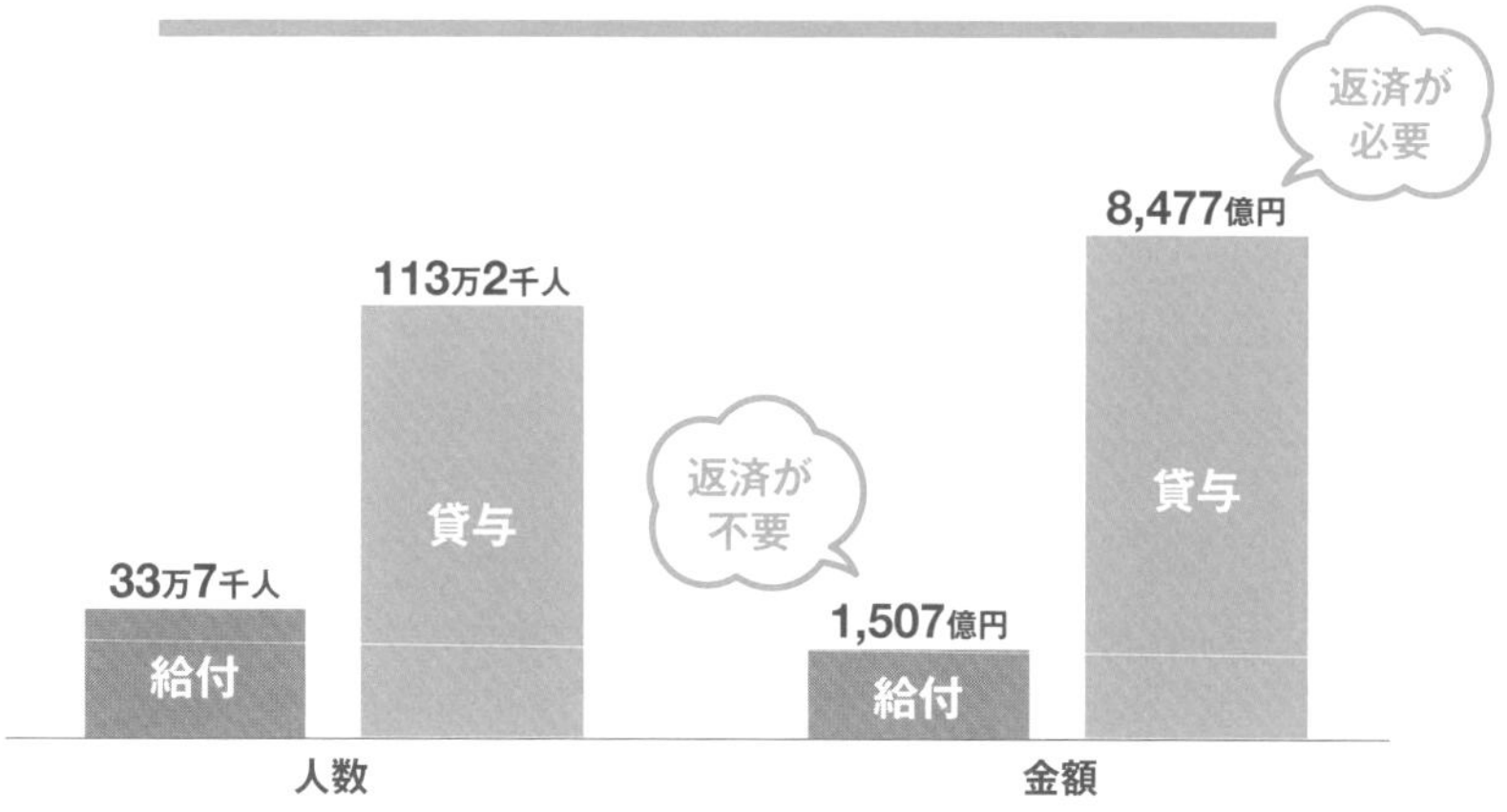

（日本学生支援機構「奨学金事業に関するデータ集」をもとに作成）

先進国の大学進学率の推移

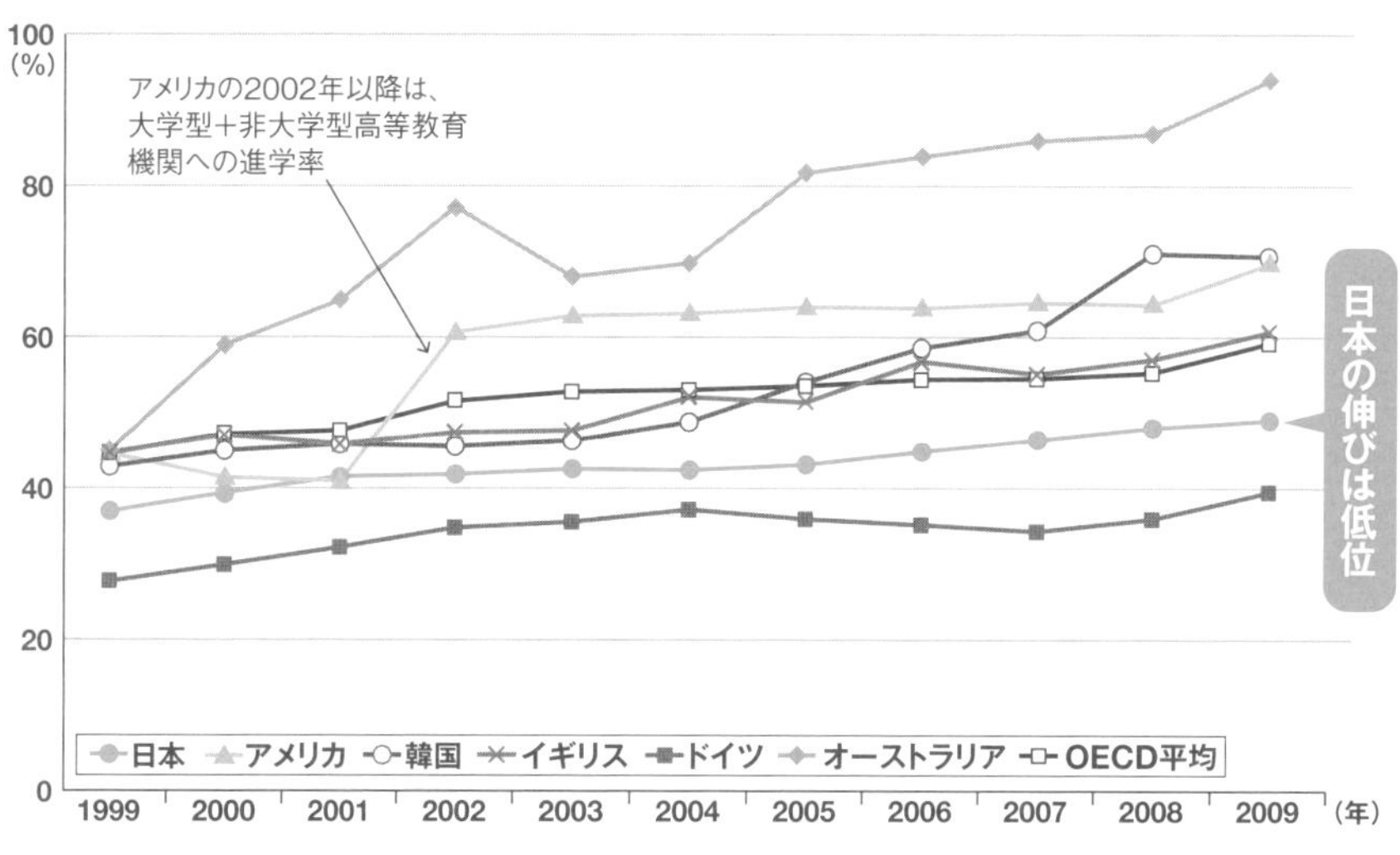

※OECD「Education at a Glance」を基に作成。韓国、オーストラリアについては、UNESCO「Global Education Digest」。

（文部科学省「産業競争力会議下村大臣発表資料（人材力強化のための教育戦略）〈世界の高等教育機関の大学進学率の推移〉」をもとに作成）

経団連が少子化対策で消費税19%を提言？なぜ法人税が下がり消費税ばかりが上がるのか

令和4年度、国の税収は過去最高となる71兆円台を記録しました。税収が70兆円を超えるのははじめてです。でも、その一方で借金も増え続けています。

経団連は2023年9月12日に令和6年度税制改正に関する提言を公表、少子化対策など社会保障の財源として消費税の引き上げが〝有力な選択肢〟だと明言しました。**経団連はこれまでも、少子化対策の財源として消費税を含めて議論すべきだと主張**してきました。**私たち生活者は「消費税を下げてほしい」と思っている**のに逆です。

国の税収の3本柱は、「消費税」「所得税」「法人税」です。以前はだいたい、それぞれ20兆：20兆：20兆くらいの比率だったものが、法人税収はどんどん下がり、今では10兆円程度になってしまいました。

前明石市長の泉房穂氏が「X」（旧ツイッター）で苦言を呈していました。「〝経団連さま〟って、すごい団体だ。『自分たち大企業の税金は安くしてくれ』と言いながら、『国民への増税をどうぞ』とけしかける」と。共感します。

考えてみればある意味当然で、大企業社会は自分たちに不利益になることは主張しません。

政府が消費税率を上げて、法人税率を引き下げてきたのはなぜか。「日本企業の競争力が云々…」。でも、優遇し続けてきたのに、日本の企業社会の競争力は落ちてきたでしょう。昔は法人税率も高かったけれど、日本企業は世界的に強かったわけです。時価総額の世界ランキングに何社も入っていました。

消費税が上がると、財布のヒモは堅くなります。消費が冷え込むと自分たちの首を絞めることになるのに、なぜ経団連は消費税を上げろというのでしょうか。

日本政府の債務残高を減らしたいということもあるのでしょう。日本は直近で財政破綻はしないと思いますが、財政的なリスクは下がった方が海外からの投資を呼び込めます。マーケットの安定感、信頼性、健全性が高まった方が好ましい。

一方で、グローバル企業にとって、国内よりも世界が主力マーケットです。日本市場からの売り上げが占める割合はどんどん下がっています。アメリカと欧州、中国市場などが堅調であれば、日本はあまり関係ないということでしょう。

ぼくは以前、「エリートと生活者の利益相反」という論説を書いたことがあります。エリー

Nishida's memo 時価総額「上場株式数×株価」で、その時々の市場の価値を示す数値。すべての株式を買い占めるのに必要な額。

トの主張と生活者の利益が合致しなくなっているという主張です。

昔は、エリートは生活者のある種の代弁者であり、エネルギーはあるけど知識はない大衆をリードする存在で、それがエリートだと目されていて、理念的には両者の利益は合致していました。

でも、今のお金持ち、カッコつきのエリートは違います。

これからは「エリート」と生活者の利益は相反していくと考えています。「エリート」はたとえば子どもの教育を日本で受けさせる必然性がありません。海外にフライトすればいいからです。日本社会や教育がどうなるかも、ある意味関係ないんです。前述の通り、緊縮して財政再建してほしい。

それに対して生活者は、貧しくなっても日本にしがみつくしかないですよね。留学どころか、円安で海外旅行すら高嶺の花になりつつあります。そうすると当然、社会福祉や政府支出を手厚くしてほしいとなり、政府の財政支出は基本的に大きくなる一方です。でも、これ軒並み前述のエリートの利益と真逆ですよね。

企業社会も同じ。アベノミクスの恩恵を受けて、輸出企業は円安のおかげで物凄く儲かっています。売上高も利益も、過去最高を更新している企業がたくさんあります。**そういう企業に対しては、やはり課税を強化するべき**です。

2023年度の国の収入と税収内訳

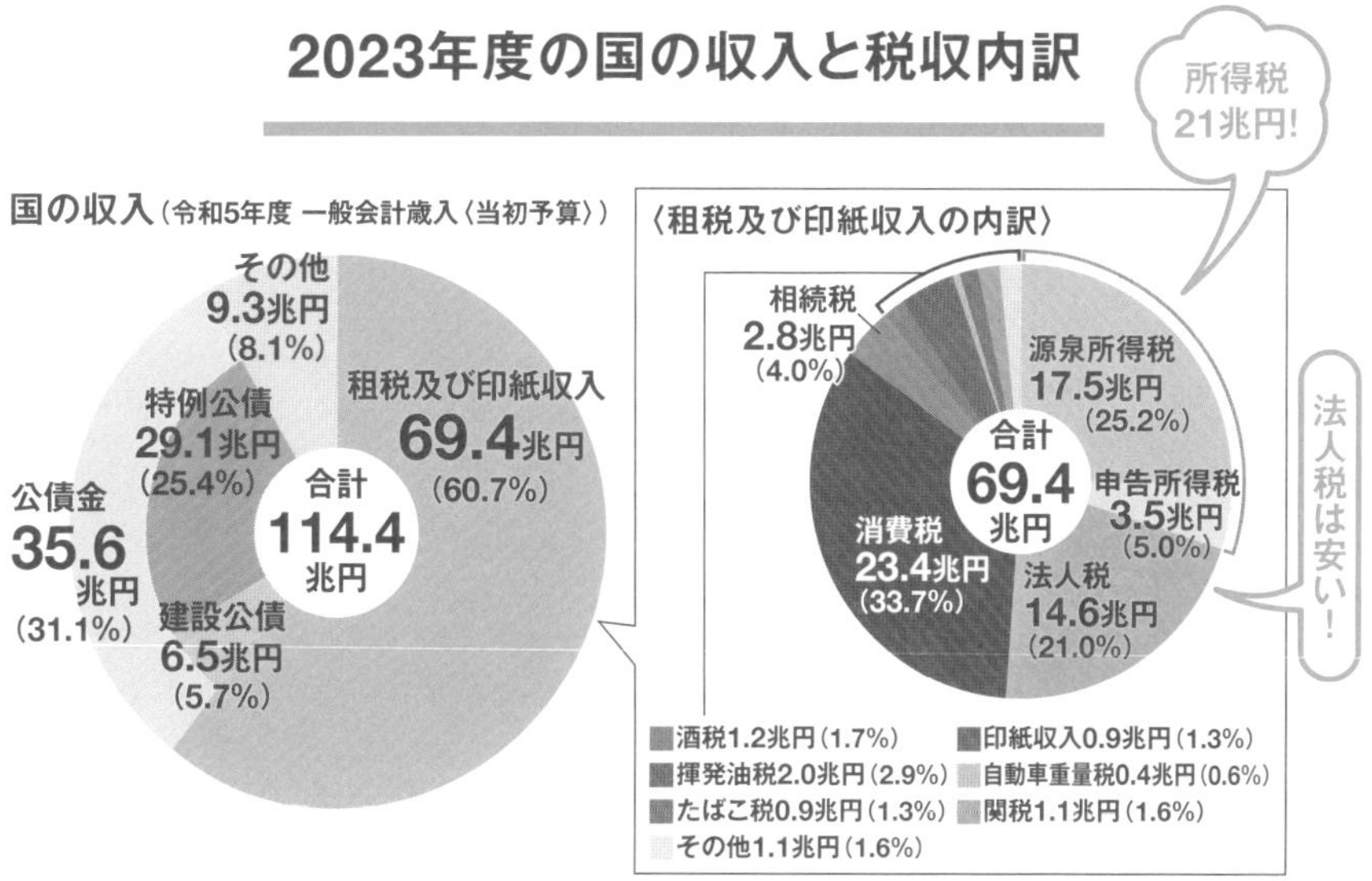

※公債金は、公共事業費などを賄うために発行された建設公債と歳入の不足を埋め合わせるために発行された特例公債による収入であり、全てが将来返さなければならない借金です。

※各項目の合計金額と「合計」の金額は、端数処理のため一致していません。

（国税庁「国税組織の概要」をもとに作成）

日本の法人税率は引き下げられ続けてきた

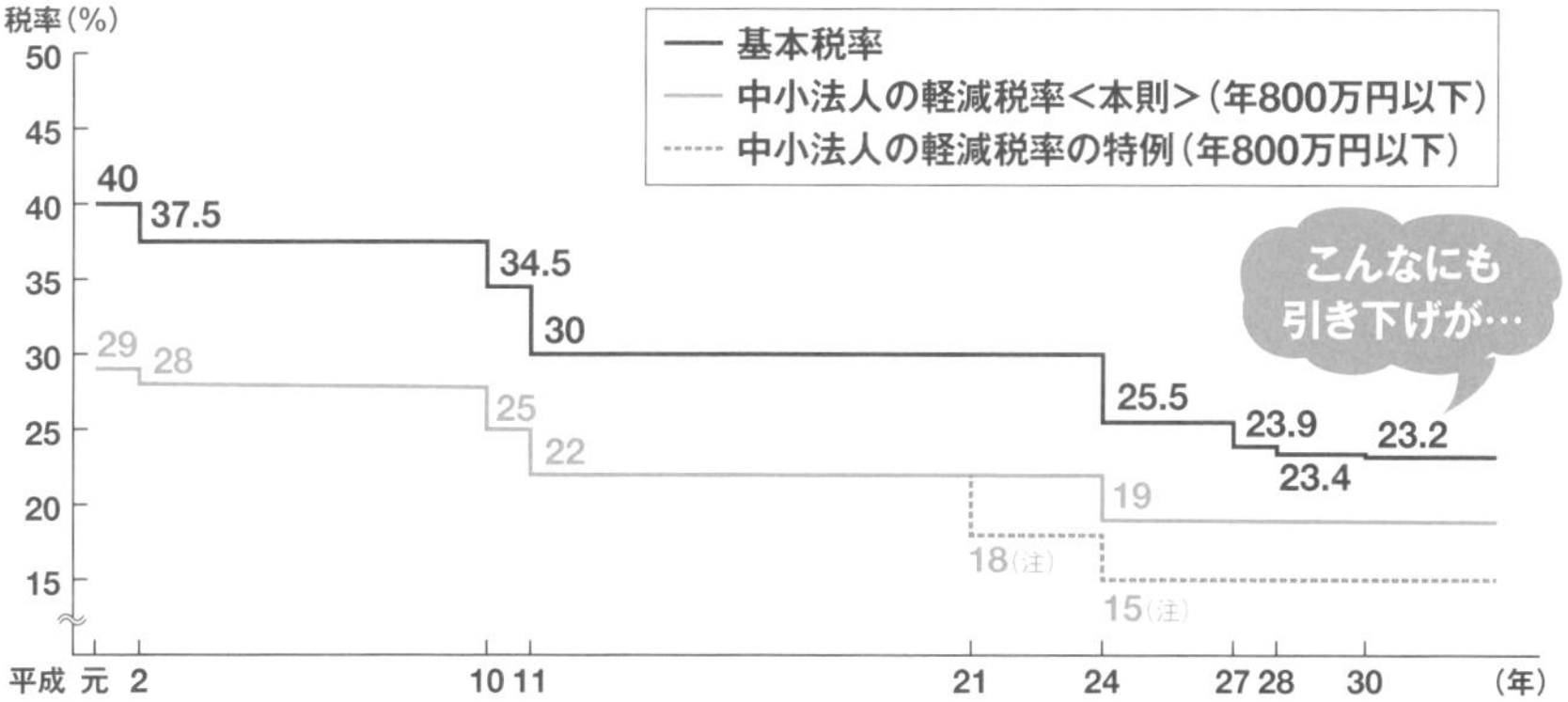

（注）中小法人の軽減税率の特例（年800万円以下）について、平成21年4月1日から平成24年3月31日の間に終了する各事業年度は18%、平成24年4月1日前に開始し、かつ、同日以後に終了する事業年度については経過措置として18%、平成24年4月1日から令和7年3月31日の間に開始する各事業年度は15%。

（財務省「法人課税に関する基本的な資料〈法人税率の推移〉」をもとに作成）

結局のところ「マイナ保険証」をつくった方がよい理由がわからない

ぼく個人の話をすると、まだマイナンバーカードをつくっていません。ポイントで国民を釣るような普及手法が好みじゃなかったからです。

さすがにもうすぐつくると思います。

紙の保険証を廃止するとなると家族もいますし、もう抵抗できないですから。**政権はもう後には引けない感じで、不必要なやる気**を出していますよね。

デジタル化して、マイナンバーカードに統合した方が便利なことは明らかです。でも、もし「早急に」というのなら、今まで一本化してこなかったことをどう説明するのか。

２０２４年秋に健康保険証が廃止されマイナンバーカードと一体化するということですが、時限を区切る合理的な理由はほとんどありません。

もともと任意だったはずなのに、事実上、強制ですよね。もう、無茶苦茶です。

すでに法改正をしてしまったので、紙の保険証は廃止で進めていくことになります。

一本化する最大のメリットは、国民ではなく行政のコスト削減にあります。紙の健康保険証は発行コスト、更新するコストなどが生じますが、マイナンバーに健康保険証などの情報を統合することで管理コストが下がります。

それで？

コストは浮きますが、じゃあその浮いた財源でわれわれに対して直ちに明確な利益の還元があるのでしょうか。

現在の紙の健康保険証には顔写真がついていないため、貸し借りするなど不正利用が多く、健康保険証とマイナンバーカードを一本化することで、これを防ぐことができるといいますが、それなら紙の保険証に顔写真をつけるようにすればいいのでは？

移行のときはトラブルが出て来るのはしょうがないといいますが、そんなわけはありません。開発会社に十分なお金を払っていなかったか、拙速すぎたのでは？

往々にして、日本の行政は突き合わせと一本化が苦手です。過去の事例を思い出してみると、「消えた年金問題」です。不正も次々明らかになって大問題になりました。当時の社会保険庁が解体されて日本年金機構に変わりました。それでも問題は現在に至るまで解決していません。

政策的にはあまりに評判が悪くなると「やっぱりやめよう」ということもありえなくはないですが、**廃案にすると自分たちの失敗を認めることになりますから、進めるでしょうね。**

Nishida's memo

日本年金機構 社会保険庁を廃止し、公的年金業務の運営を担う組織として2010年にできた特殊法人。

ふるさと納税は富裕層・お金持ちがトクする制度なのか

ふるさと納税のルールが2023年10月に改定になりました。国と自治体のいたちごっこです。ぼくは、**ふるさと納税はおかしな制度**だと思うし、**日本の寄付税制をゆがめている**と思います。ふるさと納税がおトクすぎることもあって、NPOや大学に寄付が行き渡りません。

総務省によると、2022年度のふるさと納税利用件数は約5184万件。寄付された額も約9654億円と、過去最高です。

魅力的な地元の名産品を返礼品として出せる自治体がうるおう一方で、ふるさと納税を利用して住民がほかの自治体に寄付をした影響で、住民税の税収が減った自治体もあります。

返礼品に相当する地場産品が乏しい地域はどうしても存在します。加工の過程で無理やり地域性を取り入れるなどして、よくわからない地域の特産品が多数生まれて、結局、カタログショッピングのようになってしまいました。品物に釣られている時点で趣旨が違います。

しかも、**ふるさと納税は高所得の人ほど有利な仕組み**です。年収400万円の人と1200

万円の人とでは、ふるさと納税の上限額が違います。当然、高所得の人がもらえる返礼品の方が金額に換算したときに高額になります。

といいつつ、ぼくも使っています。うちは食べ盛りの子が3人いるのでお米を…。**理念ではゆがんだ制度だと思っていても、人間はインセンティブにたいへん敏感**ですね…。

ぼくはGoToトラベルキャンペーンにも反対です。そもそも必要ありませんでした。新型コロナがおさまったら旅行したい人はするでしょう。旅行需要は明らかでした。当然、行けるのはお金に余裕のある人ですから、そこに莫大な補助金を入れることにいったいなんの意味があるのでしょうか。

人気取り以外のなにものでもありません。

ふるさと納税利用の推移

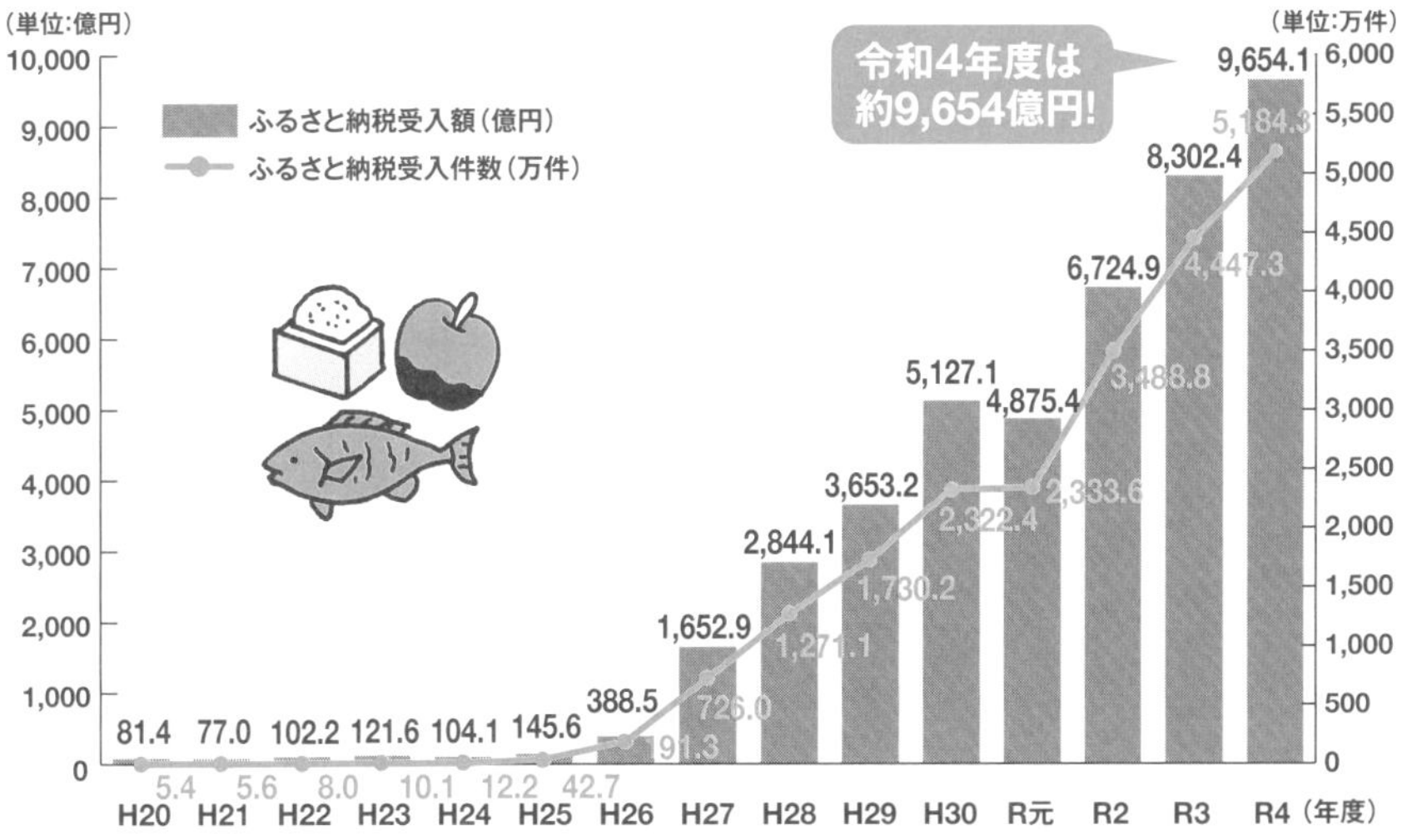

※受入額及び受入件数については、地方団体が個人から受領した寄付金を計上している。
※平成23年東北地方太平洋沖地震に係る義援金等については、含まれないものもある。
(総務省「ふるさと納税に関する現況調査結果(令和5年度実施)〈ふるさと納税の受入額及び受入件数の推移(全国計)〉」をもとに作成」)

政治家は、よい国にしようと思って目指してなるのではないですか？

最初はそうかもしれません。でも、人の世にはインセンティブ、わかりやすく言い換えれば、「損得勘定」だけが存在します。悲しいかな、中長期で、マクロでみればたいていインセンティブに〝吸い寄せられていく〟。ぼくの師匠である社会学者の宮台真司先生は「損得勘定」で動く人を厳しく批判しましたが、ぼくに言わせればもはやロクに「損得勘定」ができていないか、視界が狭すぎます。ぼくも人間性には自信がないので損得勘定が動くことは否定できませんが、せめて、正しく損得勘定しようと言いたいですね。

「組織化されていない民意」は安定的な政治的影響力を持ちません。つまり、いろいろな人がバラバラにいろいろなことを言ったところで、政治には届かないということです。だからインタレストグループ（ある特定の利害や関心、欲求に基づいて組織化された集団＝いわゆる利益団体）を通じて意見が集約され、大きな声となって政治に届いてはじめて、「ああ、わかりました」ということで政治家がいろいろな動きをします。

利益団体は山ほどあります。大きな声を持っているのは、経済系の利益団体でしょう。背後には、会員がウン万人います。ついでにいえば、伝統的に政策評価を通じて政治献金の差配をしてきました。この人たちの声を政治に届けるのが経団連や経済同友会です。ほかにも日本医師連盟や日本歯科医師連盟など業界団体が多数あります。労働組合も事実上、政治的な声を集める存在です。**経団連が政治に要望すると、政治家は対応しようとします。**

1995年「新時代の『日本的経営』」で非正規労働拡大への方針を示し、今や非正規が4割になりました。派遣労働の始まりは1985年で、最初の13業務からどんどん拡大していきました。2001年の「規制改革要望」では、派遣労働のさらなる規制緩和を求め、2004年には製造業まで拡大解禁されました。日本の問題は、経済系の利益団体の声がとても大きく、それに対して、労働組合など生活者の利益を代表する業界団体がとても少ない（弱い）ことです。利益団体というとなにか後ろめたい語感がありますが、業界や地域に根ざしているともいえ、大事な役割です。**「政官財の癒着」といいますが、癒着が問題というよりは、力関係がアンバランスなことが問題**ではないでしょうか。

2022年の秋、防衛費増額のための財源として法人税の増税が浮上すると、経団連の十倉雅和会長（住友化学株式会社代表取締役会長）がすぐに会見で「（防衛費は）国民全体で負担すべき性格のもの。法人税の議論が先行するのはいかがなものか」と牽制しました。**日本政治は、露骨に「企業のための政治」になっていて、国民の方を向いているのかよくわからなくなりつつあります。**それでも、それをずっとやり続けている政府与党、国民が選び続けてきた結果でもあるんですけどね。

CHAPTER 1

IKEGAMI'S EYE

池上は、こう読んだ

西田先生の文章、とても大学教授とは思えないでしょう。ぶっちゃけてるよね。でも、これが持ち味。折り目正しく難しい話をする政治の本が多すぎるから、みんな政治に関心が持てなくなる。その点、西田先生は、「ふるさと納税」を批判しながら、「食べ盛りの子が3人いるので」利用していると自供している。この正直さがいいよね。

政治というと難しそうに思えるし、確かに難しい部分もあるけれど、しょせんは私たちの身の回りのあらゆることに関わっているということがわかったんじゃないかな。経済だって、結局は政治が経済のルールを決めているから、お金がうまく回ることもあれば、行き止まりになることもあるし、どこかに消えてしまうこともあるんだ。

政治は、大企業が自分たちの都合で政治家に働きかけたりしているために、庶民が迷惑することも多い。勝手なルールがつくられたり、交通事故が増えたりしている。政治に無関心だと思わぬ不利益を受けてしまうんだ。しかも政治家の中には、そんな事情を国民に知られたくないので、国民を無関心にさせようとしている人もいる。そんなことを許していて、いいのだろうか。

CHAPTER 2

西田流「政治」レクチャー

知識は社会の見え方を広げる！

政治ってなんだか難しそうで…。
大人になったからといって
政治がわかるわけではない。
知識を持てば、社会全体の見え方が広がります。

— POLITICS —

安倍晋三元首相も間違えた
立法と行政の違いってわかる?

みなさんもたぶんそうだと思うんですけど、「政治の基礎知識」は普通におもしろくないんですよね。講演で「三権分立」とか「衆議院の定数は」などとやり始めると、みんな寝ます。政局報道は最近では評判が悪いのですが、現実政治の人間ドラマは実は結構おもしろい。**政治に関心を集めたり、間口を広げるという意味でも政局報道は本当は大事なはず**なんです。理屈がわからなくても楽しめますから。でも、**加えて、いくつかの基本的な知識があると、政治の見え方は変わるはず**なんです。そんな政治と行政の基本的な知識をいくつか紹介します。

まず国会とはなんでしょうか。国会は、法律をつくるところです。日本は「法治国家」。**国会は国のルールである法律をつくることができるたった1つの機関**です。だから、**「立法府」と呼ばれます。**

次に、**国会で決められた法律に基づいて、実際に政治をするのが「行政府」**です。**「行政は内閣が担当する」と定められていて、行政府の長は、内閣総理大臣**です。

安倍氏が首相だったとき、国会答弁で自分のことを「私は立法府の長」と言い間違えて、周囲がザワついたことがあります。直後に「すみません、行政府の長」と謝っていました。

ちなみに、**立法府の長は、衆議院議長と参議院議長**です。

Nishida's memo　三権分立　国家権力を「国会」(立法権)、「内閣」(行政権)、「裁判所」(司法権)の3つに分散させ相互にチェックし合う制度。

内閣総理大臣は、各省庁の最高責任者となる大臣を選んで内閣のメンバーとします（組閣といいます）。内閣は、内閣総理大臣と国務大臣（閣僚）の集まり。国務大臣は、内閣総理大臣以外の大臣をまとめて呼ぶ言葉で、外務大臣も、財務大臣も国務大臣です。

そして内閣のメンバーが集まる「閣議」で方針を決め、自分の省庁に指示を出して、行政を進めていきます。

大臣になる議員は必ずしも自分の専門領域でない省庁の担当になることもあります。だから言われたままハンコを押すだけの「お飾り」と悪口を言われることもあります。

国会の日程はわりとタイトです。毎年、1月からスタートする通常国会は150日。半年弱で終わるんですね。この間でいくつ法案を通すかというときに、事前にすり合わせができていた方がスムーズでしょう。そのため日本は慣習的に「事前審査制」をとっています（↓次ページで）。

内閣のメンバー

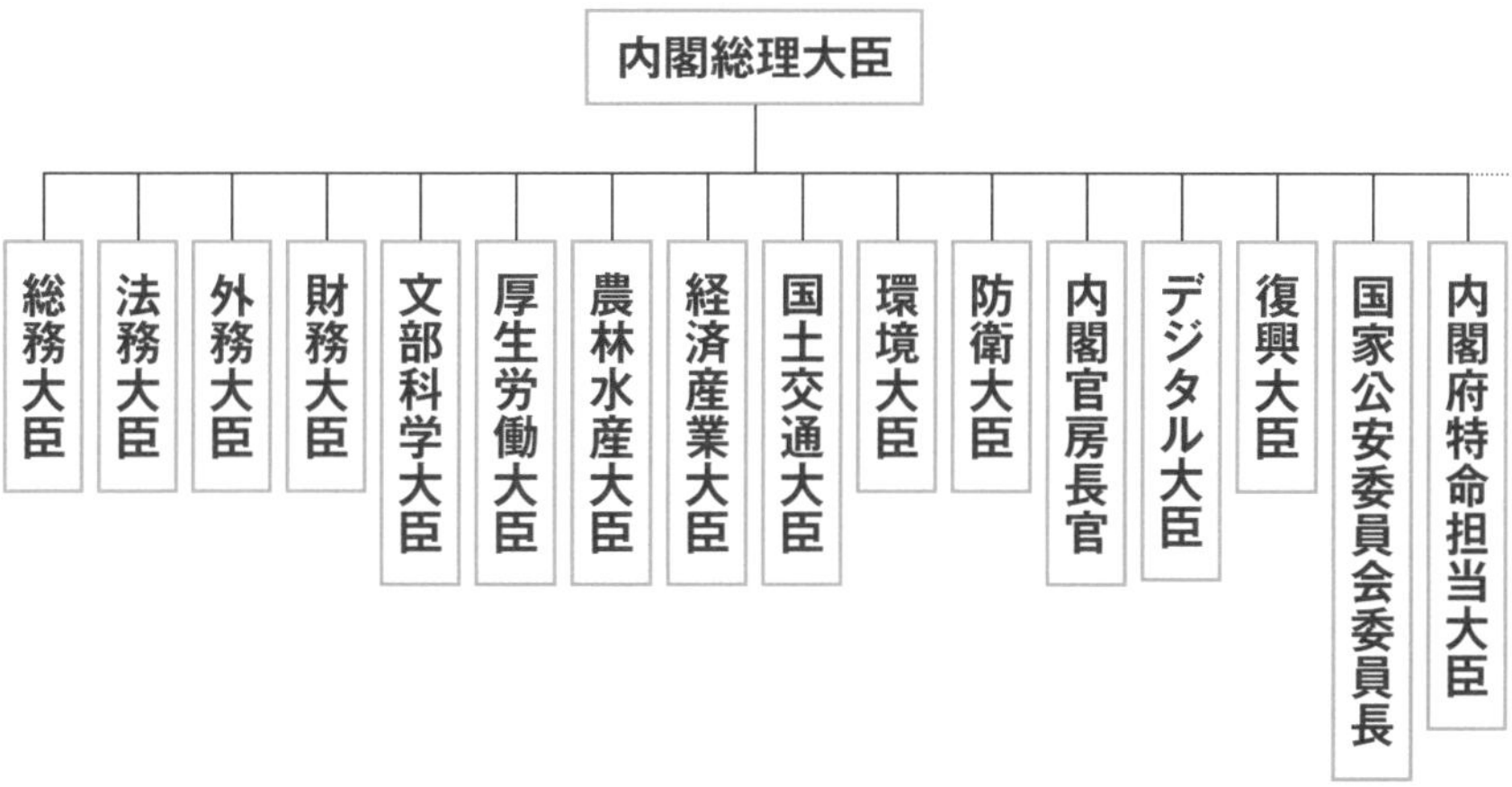

省庁に対応した自民党の部会に高級官僚がぞろぞろやって来る

では実際に、どうやって法律がつくられるのか。

日本の場合は総理大臣とか、大臣が官僚と法律をつくるみたいなイメージが強いような印象ですが、彼らはあくまで案を出しているだけですね。法案というヤツです。

法案をつくるには、かなりの専門的な知識も必要になります。法案には「議員提出法案」と「内閣提出法案」があるのですが、国会で審議される法案の多くは後者で、閣法と呼ばれます。内閣が提出といっても、実際は各省庁の官僚が原案を書きます。

官僚主導の内閣提出法案の決定プロセスとして見逃せないのが、前述の与党による「事前審査制」です。政府と与党のすり合わせができていると、会期中にどれくらい法案が通せるかある程度読めるわけです。

よし悪しありますが、日本の国会は物凄く効率がいいといわれています。日本の場合は議会の多数派が総理大臣（首相）を選びます。議会と首相が連携できるので話が早いわけです。

具体的には、自民党（与党）の中に、各省庁に対応した「部会」があるんですね。そこに各省庁の局長級とか偉い高級官僚がぞろぞろやって来て、「わが省としては、こういう法案が必

Nishida's memo

高級官僚　「一般職員」「課長補佐」「課長」「審議官」「局長」「事務次官」の官僚の主な役職のうち、「局長」以上をいう。

要です」とか「この法案を、こう改正しましょう」と提案し、〝ご説明〟します。すると、族議員が「それは、違うんだよ」と言ってみたりして、政治家の意見を反映します。

すり合わせをして法律の原案ができ、最初の関門は「政務調査会長」、略して政調会長です。これは政策全般の責任者で、この法案を通すか通さないか、賛成するか反対するかを取り仕切る人です。霞が関の官僚は、政策を進めるためにまず自民党の政務調査会を通さなければなりません。だから政調会長は大きな権限を持っているんですね。

最終関門が、総務会長。自民党は、最後は全会一致を原則にしています。総務会は、自民党としての最終的な意思決定を行う場で、政務調査会で取りまとめられた法案を総務会に上げて、コンセンサスをつくって決まっていくのです。

自由民主党の党三役

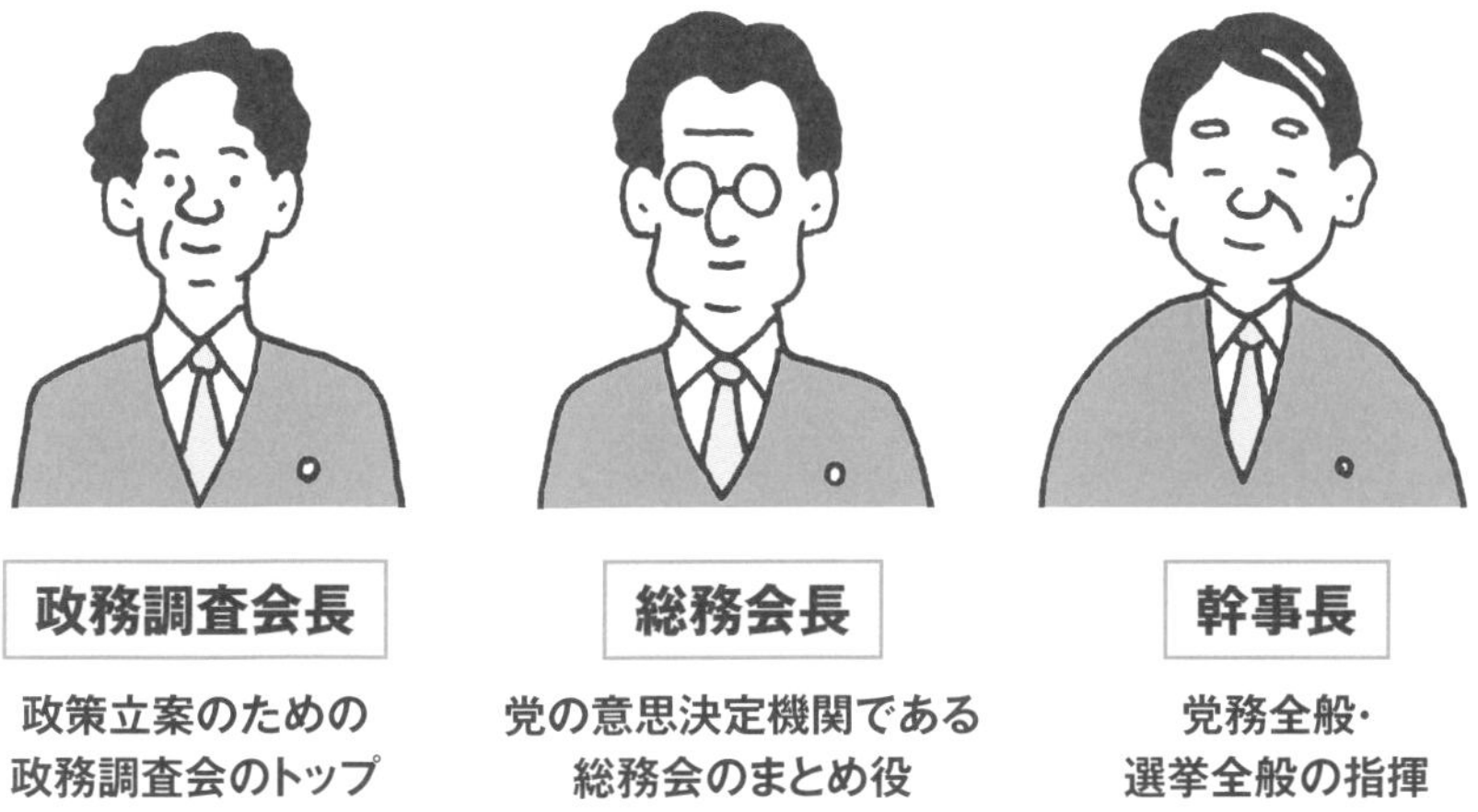

Nishida's memo
霞が関の官僚 「三権分立」で成り立つ日本の政治構造のうち、行政権を持つ内閣の各省庁で働く国家公務員のこと。

ダークなイメージだけど接待も仕事のうち。政策通の「族議員」

与党で意思決定をしたら、いよいよ国会の本会議で採決が行われます。

ここでも、本会議で審議すべき案件を事前に審査するため、今度は与党議員も野党議員もごちゃまぜに参加する「委員会」が存在します。衆議院にも参議院にも、各省庁に対応するかたちで17の委員会が設けられていて、国会議員はいずれかの委員会に所属することになっています。1人で複数の委員会に入れますが、開催日程の関係であまりたくさんは入れません。

「族議員」という言葉は悪いイメージで使われがちですけど、要は委員会の中のドンですね。ただ、委員会に所属することで議論をしたり勉強を積み重ねたりすることで、長い時間をかけて業界に詳しくなっていく議員ともいえ、**実は専門分野に明るいのが族議員**なんです。

ただ、長年属していればおのずと業界との関係も深くなります。中には、国益よりも特定の業界の利益を優先する議員も出て来たりして、それはよろしくありません。

ちなみに安倍晋三元首相は厚生労働委員会に入っていた厚労族でした。安倍氏自身、そういう認識を持っていたはずです。厚生労働行政は製薬会社とか医師会とか、関わる業界の人の数もお金も多い。だから「うまみ」も多い。というと語弊があるかもしれませんが、逆に**外交と教育は票にならないと、政治の世界ではいわれています。**

戦後、長い間、与党だったのは自民党ですから、「族議員」になってきたのは主に自民党の議員です。**実際、与党議員と野党議員のなにが違うかというと、政策のリアリティが違います。**業界の事情とか、規制がなぜそうなっているか、与党議員の方が細部に圧倒的に詳しいんです。関係省庁の高級官僚も、族議員はじめ有力な議員のところに頻繁にやって来ますからね。

かつて「菅スキャンダル」というのがあったでしょう。放送関連会社「東北新社」に勤める菅義偉前首相の息子が、総務官僚に接待攻勢を仕掛けて、特別扱いをしてもらおうとした。1本ウン万円のワインをガバガバ空けたと騒がれましたが、一昔前なら、あんなの氷山の一角です。政官財どこでもそうですが、平場で話すだけだと腹の奥底はわからないから、食事をしながら業界全体の話を聞き、業界の表にも裏に詳しくなっていくわけです。

官が事実上、多くの法案をつくるときに、民間の意見を聴きたいから頻繁にコミュニケーション（意見交換）するわけです。そして、与党にレク（事前説明）に行くのはそういう裁量を持った高級官僚が中心で、野党に行くのは主にヒラの官僚だから、どうしても紋切型の説明になります。この非対称を埋めるには野党は外部でネットワークをつくったり、専門家を活用したりするなど、別の専門性を磨く必要があります。

昔の民主党はＮＰＯなど密なネットワークを築いていました。政権交代後、「新しい公共」というコンセプトを打ち出して、実は寄付税制の改革など重要な成果を上げました。ところで、最近の野党はこうした中長期の展望を持てているでしょうか？

通らなかった法案をチェック！
自分に不利な法案は通さない議員たち

人は誰しも易きに流れがち。**法律を立案して議論し、成立させるのが国会議員の仕事ですが、彼らは自分たちに不利になる法案はなかなか通しません。**

たとえば、調査研究広報滞在費（旧・文書通信交通滞在費）の使いみちの公表を義務化する法案は、２０２１年秋の臨時国会から議論が続いていますが、自民党が「継続審議」としていて、２０２３年の通常国会でも見送りになりました。

国会議員には歳費（給与）とは別に、月額１００万円を支給する調査研究広報滞在費があります。 使いみち不問で公開の義務がないし、余っても返納しなくていいので、議員が事実上自由に使える「第2のサイフ」といわれています。原資はもちろん税金です。国会議員１人当たり年間１２００万円です。

もともとは２０２１年の10月31日投開票の衆院選で初当選した議員に、満額支給されたことから問題提起が始まりました。「10月はたった1日しか在職していないのに、１００万円の満額支給はおかしい。在職日数に応じた日割り計算にするべきだ」というわけです。

そして２０２２年４月、文書通信交通滞在費→調査研究広報滞在費への名称の変更と、日割り支給にする法改正が実現しました。でも改革の本丸ともいえる旧・文通費の使いみちの公開の義務化や、未使用分は国庫に返納する「歳費法改正案」については、2023年の通常国会でも見送りになりました。**理由は、自民党の消極姿勢**です。

日本維新の会の遠藤敬国対委員長は「旧文通費改革をやらずして、国民ばかりに負担をお願いすることはあってはならない」と批判していますが、野党もどうも追及が鈍い。**本音では改革したくないのでは？**

民間だったら、こんな理屈は通らないでしょう。同じく税金が原資の研究者の研究費は1円単位で使途を記録し、定期検査と抜き打ち監査まで行われます！　どちらかに揃えてもいいのではないでしょうか。

国会議員の調査研究広報滞在費

支給額	→	月100万円
月途中に任期開始や辞職の場合	→	日割り計算
使途の公開	→	現状、義務なし
未使用分の国庫返納	→	現状、必要なし

議員は地元の代表じゃない 建前としてはみんな「全国民の代表」

国会の仕事は法律をつくること、と言いましたがつくりっぱなしではいけません。日本のような議院内閣制では国会で議席を圧倒的に多く持っている与党が存在する場合には、政府が通そうと思った法案は次から次へと通ってしまいかねないからです。

国会の役割はただ法案を通すだけではありません。行政府を監視するのも大事な仕事です。法律に基づいて行政府が行った政策をさらに議論することによって、よりよくするために修正を繰り返していくのが本来の姿です。

ところで、日本は衆議院と参議院の二院制ですが「参議院はいらない、一院制でいい」という意見もあります。日本維新の会は、一院制でいいと主張していますね。確かに、一院制だと政策決定や立法にかかる時間が短縮できるし、歳費（国会議員の給与）も一院分で済みます。

でも、**二院制の方が多様な価値観を反映させることができるし、ダブルチェックで一院の暴走を止めることができるかもしれません。これも民主主義のコスト**です。

ただ、しばしば指摘されるのは、日本の場合、「参議院の権限が強すぎる」ということです。第2次安倍政権以降はたまたま連立与党である自民党と公明党が衆議院でも参議院でも多くの議席を獲得していて、委員会の委員長ポストも過半数を独占し、「絶対安定多数」になっています。そのため、法案の審議などが過剰にスムーズにいっています。

でも、これは珍しいことで、安倍政権以前に関していうと、法案審議が詰まるということがありました。第1次安倍政権時の「ねじれ国会」がわかりやすいと思います。当時は民主党を中心とした野党が参議院の過半数を取っていました。衆議院と参議院でそれぞれの多数派が異なっていると、法案が通らないわけです。そのときに参議院が強く見えるんですね。参議院がNOといえば予算関連法案などは通りませんから、内閣がコケる。

こういうとき、やっぱり参議院の力が物凄く強く感じます。

それから、参議院は衆議院と似ている、「衆議院のカーボンコピー」だから要らないんじゃないかという意見もあります。独自性がないということです。

たとえばアメリカの上院は、州の代表です。人口に関係なく、各州から2名ずつ選ばれます。下院は州の人口に応じて議席数が決まります。だから日本もアメリカみたいに、参議院は地域の代表として選べばいいんじゃないか。**日本は今、衆議院も参議院も〝建前としては〟全国民の代表だと考えられているんです。**よって「一票の格差」問題で、高知と徳島、鳥取と島根が合区になっています。でも、できればどちらの県の人たちも地元の代表を出したいか、そうでなければ関心を持ちにくいのかもしれません。最近の補選などでも、高知中心に政治活動を行っていた候補者しかいなかった選挙では徳島選挙区の投票率が極端に低かったことがあります。

政治家や全国知事会などからも憲法を改正して参議院は地方代表的性質を強くすべきという意見も出ています。

参議院が「上院」で、衆議院が「下院」シモジモのわれわれに近い衆議院が優越

日本には衆議院と参議院、２つの院があって緊張関係にあり、おのおの独立しています。任期も４年と６年で違うし、衆議院には解散がありますが、参議院にはありません。衆議院の「議会の解散」とは、４年ある任期満了前に議員たちを、極端に言えば「全員クビにする」こと。解散する権利は総理大臣が握っています。ツルの一声です。

参議院は解散がありませんから、任期はいつも６年間です。３年ごとに半数ずつ改選します。**参議院はいわゆる「上院」**にあたります。**しっかりと腰を据えて、直近の民意に左右されず少し高い目線で、つまり「上」から、長期的な視点と良識に基づいて国政をチェックし、立法する立場でいてほしいという設計思想**です。

でも、**どっちがエラいのかというと、わかりやすくエラいのは衆議院。衆議院は「下院」**です。上と下というと、上の方がよさそうなんですが、**「民意に近いので優越する」**と考えてもらうとわかりやすいでしょう。

衆議院の任期は参議院より２年短く４年です。均していえば、より直近の民意が反映されます。しかも、いつ解散があるかわかりません。解散があれば、１年や２年でも選挙となります

から、緊張感がありますよね。ただ短期的で、短絡的な国民の要望にも応えたくなる。完璧ではないけれど、それを防ぐために、仕組みの異なる議会を設けることで二院制を採用しているのです。

1票を投じてくれるのは国民です。だから、「国民のみなさまのために、子育て政策に予算を振り向けます」と言いたくなる。本音では「国にはこれだけ借金があるから、そんなバラ撒きはできない」と思っていてもです。「国には多くの借金があるから、子育て予算を通すなんてできません」という主張は、いつ選挙があるかわからないとしにくいですよね。

あくまで慣習ですが、過去の総理大臣も衆議院議員です。林芳正氏は参院議員ながら自民党総裁選に挑戦しましたが、及ばずでした。60代と過去の例を見ると、総理適齢期を迎えた林氏は2021年に衆議院に鞍替えしました。いよいよ満を持してということなのかもしれません。

下院の近くが国民

		解散	任期
上院	参議院	なし	6年
下院	衆議院	あり	4年

国民の声を反映しやすい
○○してほしい
こう思っています!

カネが飛び交う金権政治を排そうと選挙制度を変えてみたが失敗だった？

日本は投票率が低いといわれますが、90年代に入ってから劇的に下がりました。世代に関係なく、すべての世代で落ちています。

政治に対する不信感が強くなったという捉え方もできますし、アメリカと旧ソ連が厳しく対立した冷戦が終結し、世界が複雑になって、政治や日本の選択の「正解」がわかりにくくなったということも関係ありそうです。

ぜひ、みなさんも考えてみてください。

ちょうど選挙制度が変わった時期とも重なります。なぜ変わったのか、どう変わって今の仕組みになったのか、衆議院議員選挙から見ていきましょう。

日本では、1994年の選挙制度改革で、衆議院議員選挙は中選挙区制から、小選挙区比例代表並立制に移行しました。これがちょっとややこしい。

衆議院の選挙は1つの選挙区から1人だけが当選できる「小選挙区制」と、全国を11のブロ

ックに分ける「比例代表制」を組み合わせて行われています。わかりやすくいえば、選挙では1人が2回投票することになります。さらに、衆議院選挙では重複立候補が可能で、その場合には小選挙区で負けても、比例代表で復活することができます。

日本は長らく、それぞれの都道府県をいくつかの選挙区に分けて、その選挙区の中から複数の候補者が当選する中選挙区制をとっていました。これが政治とカネの原因とみなされていました。中選挙区制では、1つの選挙区で複数の候補者（おおむね3〜5名）が当選します。するとたとえば1つの選挙区から5人が当選する選挙区の場合、同じ選挙区で自民党の議員が複数人、当選することもあるわけです。

衆議院議員小選挙区選挙・各都道府県別選挙区数（定数289人）

※小選挙区の区割りは、国勢調査で調べた人口をもとに原則10年ごとに見直されます。

（総務省「選挙の種類〈衆議院議員総選挙〉」をもとに作成）

この仕組みにおいて、自民党が過半数の議席を獲得して与党であり続けるためには、同じ選挙区に複数の候補者を立てなければならない。そうすると、同じ政党で、主張も似ているし、いかんせん票を食い合うので、熾烈な競争が生じがちです。

かつて群馬県で繰り広げられた政治闘争は「上州戦争」といわれました。福田赳夫氏と中曽根康弘氏が同じ群馬3区という同一選挙区で、激しいトップ争いをしたんです。選挙になるとプレハブをつくって、そこで飲ませ、食わせ。大々的にやって「福田料亭」、「中曽根レストラン」なんて揶揄されました。

選挙になると、「タダでご飯が食べられる!」と有権者も群がっていくわけです。

でも同じ自民党だから、政策にはそう違いがありません。だから「私は地元のために橋をつくります」とか、「私は道をつくります」とか、どうしても利益誘導型に寄ってしまう。結果、札束が飛び交うようなすさまじい選挙戦を戦っていたのです。昭和の日本政治の1つの側面です。

現在では、公職選挙法や政治資金規正法が改正されたので、さすがに表立って札束が飛び交うなどということは珍しくなりました。しかし参議院の東京選挙区などが代表的ですが、複数人当選する選挙区や地方選挙などでは中選挙区があるので、そこでは同じ政党の候補者の間でも競争関係が生じます。

Nishida's memo
有権者　選挙権を有する人。日本は長らく20歳以上だったが、2016年6月から選挙権年齢が18歳以上に引き下げられた。

このように知識が増えると、なんだか選挙や政局が急にドラマティックに見えてきませんか？

ところで、相次ぐ政治とカネの事件であまりに自民党がダーティなイメージになってきたので、自民党と政権がもたないという問題意識が自民党内でも広がります。

その中でも小沢一郎氏が羽田孜氏らとともに自民党を離党して、１９９３年に新生党を立ち上げ、政治制度改革に取り組むことになりました。

小沢氏の本を読むと、日本も政権交代が可能な二大政党制を導入すべく、それから政治とカネの問題を一掃すべく選挙制度改革を行ってきたと読めますし、通説ではそのように理解されていました。ところが最近になって、細川護熙氏が議会で「穏健な連立を形成するような制度を目指した」というような証言をされました。

二大政党制をうながすためだと信じていた人は、ぼくも含めてズッコケるという「事件」がありました。もちろん裏取りは必要ですが、案外時間が流れると過去の政治の「本意」は見えにくくなりがちです。

さて、次に**「小選挙区制」ですが、これは1つの選挙区から1人だけが当選する制度**です。するとなにが起きるか。たとえば「自民党の候補者を落としたい」と思ったら、野党の候補者に入れますよね。シンプルです。

ただ、**小選挙区制はデメリットもあります。**まずは、**死票が多くなる。**落選した人に投じた票を「死票」といいます。たとえばA氏が40％の票、B氏が30％、C氏が30％の票を獲得したとしたら、40％のA氏が当選、60％が死票になります。小選挙区では、中小政党にばらばらに投じられた票は死票になる可能性が高いわけです。言い換えれば小選挙区制は規模が大きく全国的に組織をつくって活動している大政党に有利で、小さい政党の候補者が多数派を形成しにくいんですね。そうすると二大政党以外の少数派の意見が切り捨てられてしまうことになりかねません。

このため、「比例代表制」もあわせて導入されたんです。見方を変えれば、当時議席を有している社会党や日本共産党は単純小選挙区制に反対でしたから、妥協の産物ともいえそうです。

衆議院選挙の比例代表では、有権者は候補者の名前ではなく、政党名を投票用紙に書いて投票します。得票に応じて政党に議席を配分する仕組みです。これなら小さな政党もある程度の規模の議席数を取ることができる可能性が高まるというわけです。

衆議院選挙の比例代表制は全国を11のブロックに分けて投票します。各政党はそれぞれ候補者に順位をつけた名簿を提出し、その名簿の順位が高い候補者から順に当選していきます。これを「拘束名簿式」といいます。

衆議院選挙では、小選挙区に立候補している候補者が比例代表にも立候補することが可能です。だから小選挙区で落選して、比例代表で受かった人は「ゾンビ復活」などと呼ばれたりもするわけです。

小選挙区で勝った代議士は、党に議席を取って来ているので大きい顔ができます。

小選挙区制を導入し、実際に政権交代も起こりました。

でも、かつて二大政党の一角を担っていた民主党は、今では「立憲民主党」と「国民民主党」に分かれてしまい、今は逆に近い将来の政権交代の可能性がすっかり希薄になってしまいました。最近の両党は共闘路線は不調で、票の案分をめぐって「民主党」という略称をどちらが使うかで揉めたりもしています。

衆議院議員比例代表選挙・選挙区と各選挙区別定数（定数176人）

ブロック	都道府県	定数
北海道	北海道	8
東北	青森／岩手／宮城／秋田／山形／福島	12
北関東	茨城／栃木／群馬／埼玉	19
南関東	千葉／神奈川／山梨	23
東京都	東京	19
北陸信越	新潟／富山／石川／福井／長野	10
東海	岐阜／静岡／愛知／三重	21
近畿	滋賀／京都／大阪／兵庫／奈良／和歌山	28
中国	鳥取／島根／岡山／広島／山口	10
四国	徳島／香川／愛媛／高知	6
九州	福岡／佐賀／長崎／熊本／大分／宮崎／鹿児島／沖縄	20

（総務省「選挙の種類〈衆議院議員総選挙〉」をもとに作成）

Nishida's memo
代議士　「国会議員」は衆議院議員と参議院議員を指すが、代議士は衆議院議員のみを指す。国民の代表。

最も過酷（？）な参議院の全国比例タレント候補が多くなる理由とは

参議院の選挙制度も、選挙区選挙と全国を1つにした比例代表制を組み合わせたものですが、衆議院の仕組みとは少し違いがあります。まず、**両方で出馬する重複立候補はできません。**

選挙区選挙（基本的に都道府県単位、人口によって当選する人数が違う）の方は、以前は1県1枠が必ずあったのに、1票の格差をなくすために議席を減らしていった結果、今32の選挙区が1人区になっています。もともとは参議院の選挙区選挙は「中選挙区選挙」と考えることができるんですが、減らしていった結果、多くの選挙区が実質的な小選挙区状態です。高知・徳島、それから鳥取・島根は、県域を越えて合区になってしまいましたので、とうとう1県に1議席が割り振られなくなりました。

参議院の比例代表は、衆議院の比例区とは違って全国1ブロックです。衆議院の場合は政党の名前を書きますが、参議院の比例代表は政党の名前でもいいし、立候補者の個人の名前を書いてもいいことになっています。そして、**党に入った票と、個人の票の合計が「政党が獲得した票」**となります。この段階でまず政党ごとの議席数が決まります。**だから、知名度のあるタレント候補が担ぎ出されるん**です。たった17日の選挙期間中に、全国に顔と名前を浸透させるのはとても難しいですから、知名度の高いアイドルや国民的スポーツ選手が出馬することが少

Nishida's memo
基礎票　選挙で候補者を支持する政党の党員や支持母体、団体の構成員などによって、あらかじめ見込まれる投票数。組織票とも。

なくありません。あとは全国に根を張った業界団体や宗教団体など利益団体からの推薦候補です。基礎票が読めるからです。

衆議院の場合は、あらかじめ党が決めた順位の上位から当選しますが、参議院議員の場合は順位が決まっていません。これを「非拘束名簿式」といいます。党の議席の数が決まったら、そのうえで個人名で書かれた候補者の中で、得票数が多い順に当選していきます。

よく、参議院の比例代表に立候補した人が「2枚目の投票用紙には○○と名前を書いてください」と言っていますよね。それは党の票も稼げるし、自分が上位で当選できる可能性も高まるからなんです。与党の候補者はしばしば「比例は公明党へ」と主張しています。これも自民党候補者が連立を組む公明党と支持母体である創価学会に選挙協力してもらう代わりに、比例区では公明党にも一定の議席を獲得させ、華をもたせるためなんですね。**持ちつ持たれつの関係**です。

参議院議員選挙区選挙・選挙区と各選挙区別定数（定数148人）

※鳥取県・島根県、徳島県・高知県はそれぞれ2県の区域が選挙区となります。

（総務省「選挙の種類〈参議院議員通常選挙〉」をもとに作成）

政治とカネの問題をなくすために導入した「政党助成法」と「改正政治資金規正法」

小選挙区制の導入で、1つの政党から複数人の候補者が出ることがなくなりました。すると政党内の競争がゆるくなり、お金を撒いたりしなくなるだろうと期待されました。

世界の選挙制度は多様です。どうやっても完璧に民意を掬い上げることなどできませんが、各国さまざまな事情と理由で議会や選挙の制度ができています。長い目で見ると選挙制度の設計思想は議会の勢力図に反映されていき、議会の動向や思惑が選挙制度に影響しがちです。たとえばイギリスの下院は完全に小選挙区制で、二大政党とみなされています。実際にはイギリスにも自由民主党という政党があって、第三極みたいなのが出て来るんですけど。

小選挙区制を繰り返した結果、日本では社民党も日本共産党も議員数が相当減ってしまいました。もし今の仕組みがよくないということであれば、時代に合わせて議論し、必要に応じて変えていけばいいのです。**今の仕組みは決して完璧でも、不変でもありません。**「中選挙区に戻そう」という声もありますね。でもぼくはそうは思いません。中選挙区のもとで政治とカネの問題が出て来て国民の信頼を失い、今みたいな形にしてきたんですから。政治とカネの問題は現在解決したのでしょうか？　昔よりはマシになった印象ですが、クリーンになったかというとそんなことはないですよね。

1980年代の後半から、国会議員が企業などから政治献金を受け取り、代わりに便宜をはかる汚職事件が相次いで発生しました。自民党はすっかり国民の信頼がなくなりました。

そこで1994年、**小選挙区制の導入と同時に、「政党助成法」と「改正政治資金規正法」を導入**しました。

「改正政治資金規正法」が政治家個人への企業・団体献金を禁止しますが、政治にも経費やカネが必要です。その代わりに成立したのが「政党助成法」です。これは政治にかかるコストを国庫から支出する代わりに、透明性や説明責任を高めようという趣旨でした。

政党助成法により、国民1人当たり年間250円の交付金を集めて各党に分配することになります。私たちの税金を国会議員の数に応じて、各政党に分配するようになったのです。

ちなみに日本共産党は、「支持していない政党にも強制的に寄付をさせられることになり、思想の自由を踏みにじる憲法違反の制度だ」として受け取りを拒否しています。

ほかの党は、公費を受け取る代わりに、企業・団体献金は受け取らなくなったのでしょうか。ところが、そうではありません。**依然として政党交付金とは別に、自民党の政治資金管理団体「国民政治協会」への企業・団体献金は約24億5000万円（2022年）もあります。**

政治資金規正法では、特定の政治家個人への献金を禁止していますが、政治家の所属する政

Nishida's memo 政治資金管理団体 各政党が持つ資金管理団体。政党への献金の受け皿。自民党の政治資金管理団体は「国民政治協会」。

党の政治資金管理団体へ献金することについては認めています。この点を利用して企業や業界団体は献金を行い、政治家はそこから間接的に資金を受け取ることができる。こういう背景もあって、改正政治資金規正法も「ザル法」だといわれます。**政治家は平気な顔をして両方もっていながら、領収書等の添付には下限額を設けることで説明責任を十分果たさずにいます。**

旧・文通費もそうですが、もらったものは手放したくない。ま、気持ちはわからなくはありません。政治活動にお金がかかるのは事実です。国会議員の秘書は3人までは公費で雇うことができますが、東京と地元にそれぞれ秘書を置くと3人では足りません。4人目以降は自腹になります。事務所を維持する固定費もかかるでしょう。選挙運動には多額のお金がかかります。そうすると歳費だけではまかなえないので、政党から支給されるお金があったり、自分でも資金集めのために「政治資金パーティ」を開いたりして資金調達に勤しむことになるのです。

さすがに**政党交付金は税金を財源にしていますし、使いみちを明らかにしなければいけないという原則**になっています。でも5万円以下だと領収書を貼りつけなくてOK。総務省のホームページには、政党交付金をどう使ったか報告書を画像データにして公開しています。パラパラ見ていくだけでも、随分高額なスナックやクラブの領収書が出て来ます。

これだけ各政党がDXを主張するのに、こういうところはデジタル化して集約し公開しないのでしょうか。新聞記者やジャーナリストが目を皿のようにしてそれらを突き合わせしています。たいへん高いコストです。**お金の流れはガラス張りにすることが大事。**透明化を進めるためには、同じ様式でデジタル入力をさせてきちんとテキスト化して追跡しやすくするべきです。

Nishida's memo　DX「デジタルトランスフォーメーション」。企業がAIなどのデジタル技術を用いて企業を変革させること。

政治家個人への政治献金の流れ

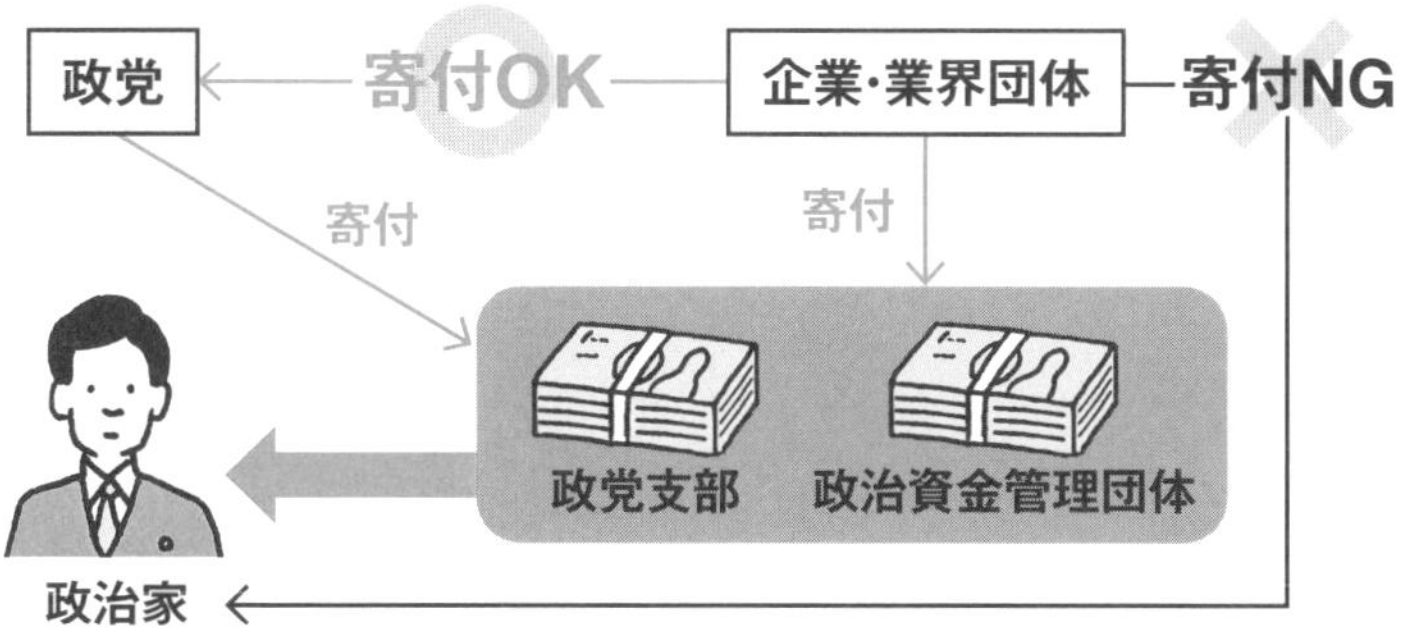

自民党（国民政治協会）への献金額　企業・業界団体トップ10

順位	名称	企業・団体	寄付金額（万円）
1	日本自動車工業会	業界団体	7,800
2	日本電機工業会	業界団体	7,700
3	日本鉄鋼連盟	業界団体	6,000
4	住友化学	企業	5,000
〃	石油連盟	業界団体	5,000
〃	トヨタ自動車	企業	5,000
7	キヤノン	企業	4,000
〃	不動産協会	業界団体	4,000
9	日産自動車	企業	3,700
10	日立製作所	企業	3,500
〃	野村ホールディングス	企業	3,500

（日本経済新聞2023年11月25日〈共同通信配信〉をもとに作成）

政党に献金をするから始まった経団連の「政策評価」

政治家個人への献金は認められなくなったけれど、政党支部にはOK。小選挙区につき1つずつ支部があります。本部・支部間の資金の移動も認められています。自民党の党本部から「自民党○○県第○選挙区支部」へ。これが政治活動や選挙運動を支える資金となります。

特に衆議院はいつ解散があるかわかりませんから、候補者はいつも活動していないと地元で認知されません。かといって仕事をしていると集中できませんし、活動量も増えませんから、政党としては囲い込んでおきたいわけで、そうするとやはりお金が必要になってきます。

政治家はまず個人で政治資金管理団体というのを1つ持つことができます。本来はここでぜんぶ政治資金をまかなうことになっているのですが、**第2のサイフといわれるのが政党支部**です。支部というのは本来は「政党の支部」なんですが、実際は政治家個人が「支部長」を務めることで、大きな裁量を握っています。

1992年に起きた「東京佐川急便事件」では、自民党の金丸信氏が東京佐川急便から5億円の政治献金を受けていました。それを考えるとずいぶん額は小さくなりました。

企業による個人献金が廃止されると、経団連に所属するような企業は、大物政治家ではなく、

政党に献金をすることになります。そこで「政策評価」を始めました。経団連は、例年10月に政治献金の判断基準となる主要政党の政策評価を公表しています。

かつては経団連が業界団体別に、さらに業界団体が企業に献金額を割り当てていましたが、各党の政策を評価し、これに基づいて企業に献金額の目安を提示するというわけです。

アメリカなんかはしょっちゅう政権交代が起こりますから、民主党に6割、共和党に4割といった具合に、両方の党に献金します。

日本は野党に政権担当能力があると思われていませんから、野党はお金を集めるのがとても難しいわけです。特に最近は産業界にメリットがありそうなわかりやすい政策をあまり掲げていませんから、**献金は自民党一強状態。**

普通に考えると、安いエネルギーがほしい産業界は「脱原発」といっている党に献金しないですよね。

経団連からの自民党への政策評価2023の一例

経団連事業方針の項目	主な取り組み・実績	主な課題
(1)科学技術・イノベーションを通じた成長の実現	〈経済成長戦略としてのGX、循環経済(CE)、ネイチャーポジティブ(NP)に取り組んでいる〉 ・原子力発電所の再稼働の加速や運転期間の延長、次世代革新炉・核融合の研究開発の推進 〈DXの推進をはじめ、新たな成長分野の競争力強化に向けて取り組んでいる〉 ・スタートアップ振興に向けた政策の展開(税制適格ストックオプション制度、インパクトスタートアップへの支援等)	【GX、循環経済(CE)、ネイチャーポジティブ(NP)】 ・再生可能エネルギーの主力電源化、原子力発電所の着実な再稼働、リプレース・新増設、革新炉・核融合の研究開発推進、高レベル放射性廃棄物の最終処分実現、系統網の整備、電力価格の低減 【DX、競争力強化】 ・10X10X(企業数・成功レベル10倍)に向けたスタートアップエコシステムの強化(税制含む)
(2)分厚い中間層の形成	〈こども・子育て政策の強化に向けて取り組んでいる〉 ・全てのこども・子育て世帯を対象とする子育て支援の拡充 〈構造的な賃金引上げ、人への投資促進・多様な人材の活躍に向けた環境整備に取り組んでいる〉 ・構造的な賃金引上げに向けた環境整備の推進(パートナーシップ構築宣言等)	【こども・子育て政策の強化】 ・安心してこどもを出産できる社会・環境づくりの推進、男性の家事・育児促進等の仕事と育児との両立支援の取り組みの加速 【賃金引上げ、人への投資、DE&Iの推進】 ・賃金引上げのモメンタムの維持・強化、生産性の改善・向上に資する支援策の拡充

(日本経済団体連合会「主要政党の政策評価2023」をもとに作成)

国会議員の積年の悲願が生んだ「内閣人事局」が忖度官僚を量産

昔は、「この国は官僚が優秀だから大丈夫」と言われていました。実際、キャリア官僚は政治家より学歴の高い人が多かったですし、本音では政治家をバカにしていたところもあるでしょう。給料は安くとも、国を動かすことに責任とプライドを感じる国士官僚の「伝説」も多く残っています。城山三郎の名著『官僚たちの夏』（新潮社）は今読んでもおもしろい。政治家にとっても官僚の助けが必要でした。政治家を手なずけられるのが優秀な官僚とされていました。

昔は各省庁の権限が大きく、政治家はずっと、主導権を自分たちの手に握りたいと思っていました。つまり**官邸の力を強くして、トップダウン型にしたかった。政治主導と呼びます。**政治主導にしたいという意向は、相当以前からありましたが、省庁再編ということでは橋本内閣に遡ることができます。

１９９０年代、俗にいうところの「橋本行革」というのがありました。省庁再編で役所を半分くらいにスリム化し、**内閣の機能を強化しようと「内閣府」を設置**しました。

官僚たちは人事をインセンティブとしています。見方を変えれば、高級官僚を中心に人事を握ってしまえば、政治主導はより進みます。２０１４年、**「内閣官房」（首相を補佐する組織）に、「内閣人事局」という新しい組織**ができました。**内閣人事局が、高級官僚の人事権を握る**ことになったのです。対象人数は全体で約６００人。彼らは国家公務員の頂点です。

霞が関は人事を握られたことで、官僚が政治家をいさめにくくなりました。実際に官邸に反発をした役人は左遷され、気に入られた役人は昇進する。それを見ていたら、出世したい官僚は「政権の意向」を忖度するようになりました。たとえばふるさと納税の拡充に反対した高級官僚が左遷されたことはよく知られています。

以前は、省庁の人事は官僚たちが決めて、それを大臣が追認するのが慣例となっていました。しかし今では政治家の関与が強まっています。

安倍、菅政権の流れでは「官邸は強すぎる」という議論が出て来ました。また官僚も政策の裁量を狭められ、過酷な働き方とも見合わないということで、やめる人が増え、また東京大学の学生は官僚を敬遠するようになったともいわれています。

内閣人事局の立ち位置

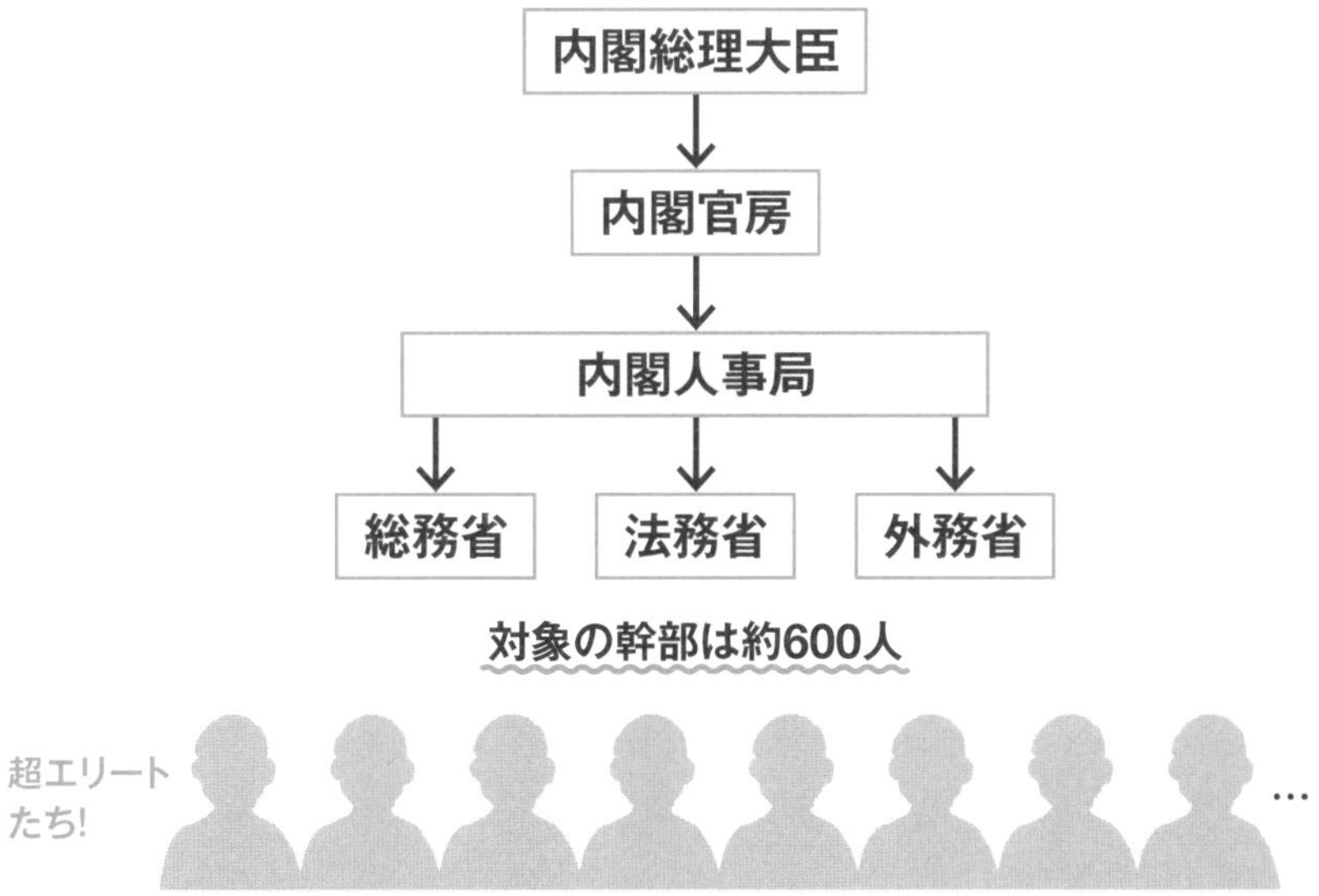

「官房長官」と「幹事長」政府と政党のカネを使える権力者

政治家には、いろいろな肩書の人がいますよね。いったいどういうポストの人が偉いのか、よくわからないでしょう。

各政党のリーダーだって、自民党は「総裁」と呼びますが、公明党は「代表」ですし、日本共産党は「委員長」ですし、まちまちです。

政調会長とか総務会長とか、選挙対策委員長とか、誰がなにをする人なのでしょうか。

とりあえず、覚えておいた方がいいという力のある役職を2つ説明しておきます。**「官房長官」と「幹事長」**です。

官房長官は、よくテレビに出て来るので見たことがあるはず。**官房長官は正式には「内閣官房長官」**です。**大臣という名前はついていませんが、内閣（行政府）の大臣の1人**なのです。

元号が「平成」に決まったとき、または「令和」に決まったとき、新元号の文字を発表して、当時の官房長官だった小渕恵三氏は「平成おじさん」、菅義偉氏は「令和おじさん」と呼ばれました。

内閣のスポークスパーソンであり、「顔」なんですね。総理大臣の女房役、ともいわれます。（総理大臣が女性になったら「亭主役」なんて呼ばれるのでしょうか。「女房役」という呼び方にもジェンダーバイアスがありますね）。よって**総理大臣の信任の厚い人が選ばれがち**です。

かつて、小渕内閣で官房長官を務めた野中広務氏が、政治評論家やジャーナリストを懐柔するため官房機密費から数百万円を使ったが、断ったのは田原総一朗氏だけだったと証言したことがありました。

内閣の要が官房長官なら、党の要が幹事長。幹事長は党のナンバー2です。自民党政権の場合、トップは総裁ですが、総裁はふだん官邸にいるので、自民党にはいないわけです。そこで**総理が留守の自民党を守るのが幹事長のおしごと。**

幹事長は、毎年自民党に入ってくる、160億円もの政党交付金をどう使うかを決める権利を持っています。お金を配れるので、味方も増やしやすい。

また、「公認権」も持っています。選挙となれば、誰を自分たちの政党が公式に認めた候補者とするかを決める権限があるのです。

総理大臣よりも幹事長になりたいという政治家までいるほどですから、相当、有力なポジションです。

Nishida's memo 官邸 正式名称は「内閣総理大臣官邸」で、首相が執務を行うところ。「公邸」といえば、現職の首相の住まいのこと。

官僚のトップは「事務次官」出世コースからはずれたら天下り？

「天下り」と聞くと、あまりいいイメージを持つ人はいませんよね。天下りはもともと日本の宗教だった神道で使われた、「神様が天界から地上に降りてくる」という意味があります。よく公権力のことを「お上」といいますね。そこから派生して、中央官僚が退職後に、関係の深い民間企業や特殊法人に再就職することを、天下りというようになりました。

では、天下りはなぜ起こるのでしょう。

まず、官僚組織はピラミッド型なんです。**天下りが起こる背景にあるのが、早期退職の慣行**です。キャリア官僚はだいたい50歳前後で退職します。官僚組織はピラミッド型だといいました。最近はキャリアとノンキャリアの境目も曖昧になり、また中途採用や退職者、専門ポストも増えていますが、伝統的にはポストが高くなるにつれて人数が減っていって、事務次官になれるのは同期入省でただ1人です。

部下に、自分の年次より上の期の人がいると仕事がやりづらいということで、途中で同期が退職していくのが通例でした。定年年齢引き上げや天下りが認められなくなる中で、最近はこのあり方は変化しています。

Nishida's memo
特殊法人　特別法により、政府が100%出資している法人。政府から資金調達や法人税の免除などの保護を受ける。

出世コースからはずれた官僚を引き受けてくれるのが、官僚の知恵がほしい「天下り先」の民間企業や特殊法人だったというわけです。

これが「官」と「民」（経済界）が癒着しやすい仕組みなんですね。

官僚には、自分たちの再就職先である天下り先を増やしたいので、特定の企業の利益になるような法案をつくったり、必要以上の補助金を出したりするインセンティブがあります。

民間企業は元キャリア官僚を好待遇で受け入れる見返りとして、省庁や規制で優遇されることを期待します。

現在では原則として天下りは禁止ですが、集中して（一括）管理するということになっています。

官僚の伝統的出世コースピラミッド

「選挙に必要な3バン」を生まれながらに持つ世襲議員

日本は世襲議員が多いですね。欧米にも世襲議員はいますが、日本ほど多くありません。ある政治家が、小学生から「どうして、政治家になったんですか?」と質問され、「お父さんもおじいちゃんも政治家だったから」と答えたとか…。家業として政治家をやっている。

マックス・ヴェーバーに『職業としての政治』(岩波書店)という名著がありますが、まるで**「家業としての政治」**です。

選挙には、3バンが必要といわれます。**「地盤」(組織力)、「看板」(知名度)、「カバン」(資金力)**です。**世襲議員には、これらが最初からあります。**

地盤(組織力)とは、つまり、業界団体とか、企業とか、宗教団体とか、こうした組織との繋がりがあること。父親が国会議員なら、後援会がありますね。それをそのまま引き継げばいいので、生まれたときから応援団がついているようなもの。後援会が大きくてしっかりしていれば、後援会員が選挙運動をしてくれます。

組織力があることを、「地盤が固い」といったりします。

世襲議員には「看板」（知名度）もあります。小泉、安倍、岸…、知名度バッグンですね。そういう同じ苗字の後継者を立てていくとみんなが投票しやすい。毎朝、駅前でタスキをかけて演説とか、**地盤を固めるためのビラ配りとか、知名度を高めるための活動が不要**です。

企業に就職してから、親の引退を機に代替わりで出馬するケースも多いですね。安倍晋三元首相の弟の岸信夫元防衛相の後継者として、衆院山口2区に名乗りを上げた長男の岸信千世氏は、フジテレビ社員でした。フジテレビとしては、いずれ辞めることは承知のうえで採用したはずです。企業としては、政治家に恩を売ることにもなります。小渕恵三元首相の次女・小渕優子氏はＴＢＳの社員でした。昔は新聞社、今ならテレビ局と広告代理店がなぜか抱え込んでいるのです。不思議ですね！

最後に「カバン」（資金力）。選挙運動には公費での負担制度もありますが、多額の資金が必要になります。

もし選挙で落選すればタダの人、いきなり収入が得られなくリスクがあるので、**資金力がある人が有利**です。日本維新の会などは、現在でも候補者として士業（弁護士や税理士、司法書士など「〜士」と名のつく職業）や自営業の人を集めがちなのはそのためです。

選挙は、とにかく必ず票を入れてくれる組織を持っている党が強いといえます。大雪でも嵐でもとにかく、いつでも選挙に行って自分に投票してくれる存在です。いちばんわかりやすい例が公明党の支持母体、創価学会でしょう。彼らは気合の入れ方が違います。宗教団体の結束はとても強いです。

自民党も組織票を持っています。日本医師連盟や日本歯科医師連盟、全国石油政治連盟、日本建設業連合会などです。

後援会はもちろん、自民党は地方にも議員がたくさんいます（都道府県議員は自民党がいちばん多く、市町村議会の議員の数は公明党が最多です）。

どこの政党もそうなんですが、国会議員がいて、県会議員がいて、その下に地方議員がいるというピラミッド構造があります。彼らが集票マシーンになるわけです。票のとりまとめには、それなりのおカネ「もち代・氷代」が必要といわれます。

選挙のときに手足となってくれるのは地方議員なので、この人たちがいなければどうにもならないのです。

地方議員がたくさんいると国政選挙に有利だし、逆にいなければ勢力を伸ばせない構造があります。

新しい少数政党が国政で苦戦するのはこのためですし、日本維新の会が凄いのはここを乗り越え、徐々に全国政党と化しているからです。

Nishida's memo

支持母体　特定の政党や議員をいつも応援する団体。選挙の応援や投票の見返りに、政治的に便宜を図ってもらう。

選挙に必要な3つの「バン」

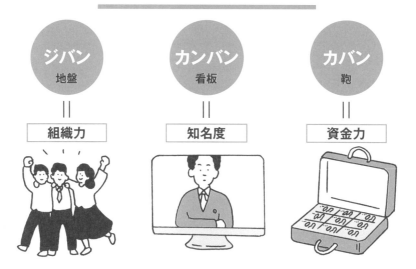

ジバン
地盤
||
組織力

カンバン
看板
||
知名度

カバン
鞄
||
資金力

最近の主な世襲議員たち

世襲議員	父親	父親の代表的肩書き
小泉進次郎	父 純一郎	元内閣総理大臣
加藤鮎子	父 紘一	元内閣官房長官
岸 信千世	父 信夫	元防衛大臣
小渕優子	父 恵三	元内閣総理大臣
高村正大	父 正彦	元外務大臣
河野太郎	父 洋平	元衆議院議長
羽田次郎	父 孜	元内閣総理大臣

なかなか理解しづらい左翼と右翼、リベラルと保守

リベラルという言葉は、わかりづらいんですよね。建国の歴史とかに影響されるので、国が変わると主張もかなり違います。

通俗的にいえば、**「昔からの風習とか伝統を守ろう」という考え方の持ち主を「保守」や「右翼」といい、「価値観を変えて、理想社会をつくろう」というのが「リベラル」や「左翼」**。日本の保守は、一部の例外を除くと右翼とほぼ重複します。でも、リベラリズムの本来の意味＝自由主義からいえば、左翼は不穏な印象です。

政策的な主張もそうで、わかりづらくしているのが「憲法改正」かもしれません。「改正しよう」が保守で、「守ろう」というのがリベラル。どういうことなのでしょうか?

日本においてのリベラルは、**①自由主義、②理性主義、③福祉国家、この3つが合流して入り混じって〝日本的リベラル〟**の雰囲気を醸し出しています。

かつて日本でリベラル政党といわれた民主党政権においては、「事業仕分け」をやりましたよね。事業仕分けとはなにか。各省庁は毎年、予算を要求します。それを見て、「そんなにたくさん必要?」と疑ったわけです。必要ないものまで要求しているのではないか。

Nishida's memo

福祉国家　手厚い医療や教育、介護制度など福祉サービスが充実している国家。代表はスウェーデンやデンマークなど。

各省庁から出される予算案は、財務省が点検して必要ないものは削るんですが、国民の目の届かないところで行われているので公開しようと。国民の目に見えるように、「事業仕分け人」が国家予算のムダを削っていったんですね。

ということは、大きな政府や福祉国家を目指しているとはいえなそうです。

民主党政権時代の東日本大震災の復興では財政再建を強く意識したため国債ではなく復興債を発行することで復興政策を行いましたが、新型コロナのとき、「保守」のはずの安倍政権はとりあえずは目先の借金が増えても補正予算と国債で、お金をジャブジャブ流して対応していました。現実には後者の方がマシだったと思いますが、どちらも**なんだか看板と政策が合致しません。**

共産主義を目指そうという立場はわかりやすいんです。資本主義だと資本家が労働者を搾取して利益を上げ続け、労働者は豊かになれない構図がずっと続くから、資本主義はよくない。だから「万国の労働者よ団結せよ、革命を起こそう」というわけです。なるほど。でも、**なぜ革命すると今よりよくなるのかはよくわかりません。**

社会主義の方が共産主義よりはマイルドで、当座、議会政治のもとで資本主義の矛盾を修正することに注力しようとします。だから、**社会主義が民主主義と結びついて、「社会民主主義」が発展していったのが欧州**です。1990年代から2000年代にかけて欧州を中心に世界では社会民主主義の資本主義的アップデートをはかった「新しい社会民主主義」が流行しましたが、日本にはよくも悪くもその流れが来なかったといえそうです。

立憲民主、国民民主の応援団は労働組合をまとめる「連合」だが…

野党第一党である立憲民主党、あるいは国民民主党の問題は、地方組織が凄く弱っていることです。立憲民主党も国民民主党も、もともとは民主党でした。**民主党の支持母体は「連合」（正式名は「日本労働組合総連合会」）だったのですが、立憲民主と国民民主に分裂してしまい、連合内で支持も分裂しています。**

戦後すぐの時期に、労働運動が盛り上がっていったんですね。戦前は非合法でしたから。たとえば新聞でいうと、読売新聞の労働組合は物凄く激しくて、共産党系でした。すると、あんな労働組合には「過激すぎてついていけない」という人たちが出て来ます。「もう、共産主義はいいよ」「国有化なんかしなくていい」みたいな。**もうちょっと穏健な労働組合をつくろうということでできたのが「総評（日本労働組合総評議会）」**です。総評は旧社会党を支持するようになります。

そうすると、これに反発する動きが出て来ます。だんだん日本が経済成長して豊かになるにつれて、（今風にいえば）「労働組合は会社と対立してストライキなんてすべきじゃない。協調して生産性を高めて労使のウィン・ウィン関係をつくろう」という雰囲気が生まれてきます。

大きな民間労組は「同盟（全日本労働総同盟）」というグループになります。

総評は「自治労」とか「日教組」といった官公庁の労働組合が中心で、同盟は「UAゼンセン」「自動車総連」など、民間の労組が中心。同盟は総評と対立します。

しかし、労働環境をよくするためには対立するより「ひとまとまりになって、強い組織をつくろう」ということで、すったもんだあった挙げ句に1989年、つまり平成の時代になるのとともに**官民の労働組合が統一し、今の「連合」に至ります。**大きなかたまりとなったことで、政治的にも大きな力を持つようになったのです。

連合は、政権交代=非自民政権誕生の原動力となりました。連合が支援する候補も立ててかなりの数の国会議員を生み、1993年には非自民の細川政権を誕生させ、連合参議院という組織候補を出したこともありました。ところが2010年代になって連合が支持していた旧民主党が分裂してしまい、労働組合側も股裂き状態になったまま現在に至ります。

たとえば電力会社はそこで働く人たちも多数いるので「原発再稼働賛成」ですから、国民民主党も賛成の立場です。それに対して旧総評の自治労や日教組は立憲民主党支持で、これはもう折り合いがつきません。共産系の労組は路線の違いで、もともと合流せず。

労働組合が日本では数少ない生活者の利益団体として理念的に重要であることは疑いえないのですが、政治の文脈では明らかに政府与党と利益団体の関係と比較して劣後しています。バランスを考えればもっと強くなってほしいですが、その道筋はなかなか明らかになりません。

Nishida's memo
官公庁 国や地方自治体の役所。自治労は全国の県庁や市役所などで働く労働者の組合。

連合の組織と主な野党との関係

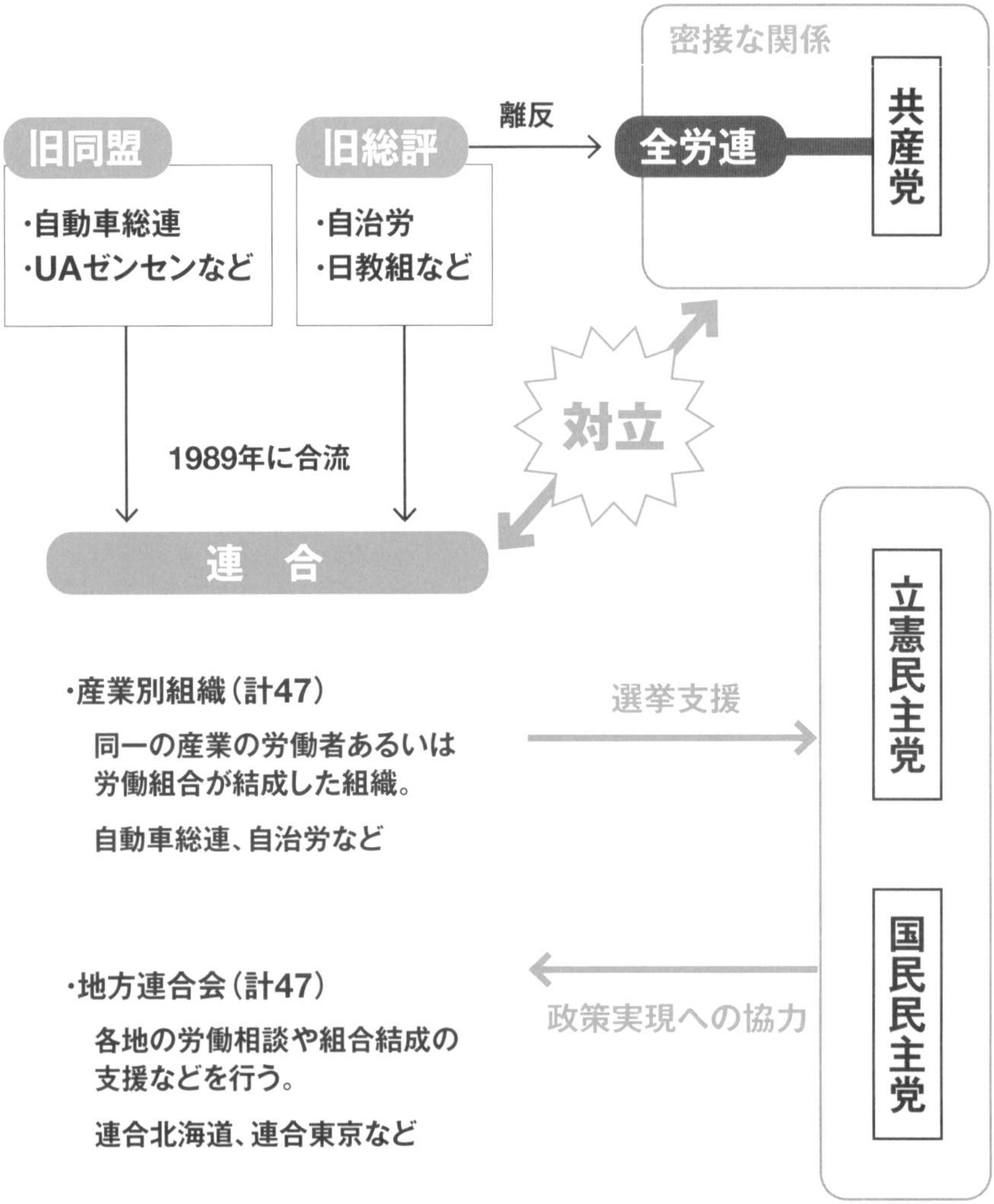

（東京新聞2021年12月19日をもとに作成）

池上は、こう読んだ

「政治の基礎知識」は中学校の社会科で学んでいるんですよ。でも、学校の授業では建前ばかり。だって先生が「教科書にはこう書いてあるけど、ホントはこうなんだ」と言い出したら、混乱したり、校長から怒られたりしそうでしょ。その点、西田先生には怖いものがないので、ズケズケ言えるんです。あ、西田家には怖いヒトがいるかもしれませんが。

与党になると、なにかと有利ですね。なぜ自民党が強い力を持っているか、西田先生の説明でわかったでしょう。だから自民党は与党でありたいと必死になるのです。与党になるためには国会で過半数を確保する必要がある。参議院で確保できなくても衆議院では確保しないとならない。そのためには公明党とだって手を組む。これが自民党の「生存戦略」なのです。

政治を少しでもよくしようとして選挙制度を変えると、政治のカタチが変わり、日本の国の方向性も変わります。選挙制度は大事なのですね。世界を見ると、いろんな選挙制度がありますが、その制度で国のカタチがおかしくなっているところも結構あるのです。日本の選挙制度は決して万全ではありませんが、完全無欠な制度などないのです。

れない「政治」トーク

政治とカネ

池上　私も一応、昔は記者だったので、いろんな取材をしてきたんです。やっぱり自民党って「清濁併せ呑む」で、現実をとにかく大事にする。保守として矛盾したことだって別にかまわない。その点、野党はやっぱり「理想」に基づいているから、少しでも矛盾していると「許せない」ってなるわけですよ。

西田　ただ、ここ10年くらいで見ていても自民党の政策の幅は狭くなっている気がします。

池上　間違いなくそうですね。でもね、カネに関しては劇的にクリーンになりましたよ。

西田　昔は今より酷かった？

池上　昔、千葉3区って、ハマコー（浜田幸一）の選挙区に取材に行って支持者たちにインタビューしたんですよ。そうしたら支持者が「まだ、カネが来ないんだ」って。さすがにその男性の顔は隠しましたけど、7時のニュースで放送したんです。音声は変えない。昔はそんな技術がなかったから。

西田　「カネが来ない」というのはなかなか趣深いですね。

池上　選挙運動で家に行くと座布団を出されるでしょう。「ぜひ、ハマコーさんに」ってお願いしながら、相手に見えるように封筒を座布団の下に忍ばせる。「忘れ物ですよ」って封筒を戻されたら買収失敗。戻って来なければ買収成功だと。

西田　なるほど、そうやってカネを配るんですね。

池上　当時のNHKは7時のニ

当時の世の中の雰囲気としては政治とカネは分けた方がいいだろうと

池上&西田のここでしか話

カネに関しては 劇的にクリーンになりましたよ

ユースでそれをやったんです。今は絶対にやれないけれど。中選挙区のときには派閥のトップがカネを集めて、盆暮れに派閥の連中にカネを渡すわけです。たとえば12月には「もち代だ」って、100万とか200万を束で。昔、NHKの宮田輝が田中角栄に誘われて、参議院選挙に立候補することになったんです。挨拶に行って出て来ると、もぉ～宮田輝の顔が紅潮して。

西田　相当な金額を…。

池上　もらったらしい。それを記者たちもなにも疑問に思わず普通に書いてた。普通にマスコミがいるところで金をポンポン配っていたんですよ。立花隆が「田中角栄研究」を「文藝春秋」誌上に発表したけど、記者たちはそんなこと前から知ってたよって（笑）。

西田　中選挙区制に戻した方がいいとか、その手の議論が根強くありますけど、やっぱり当時の世の中の雰囲気としては政治とカネは分けた方がいいだろうということでした。年齢的にぼくの場合、ぜんぶ知識でしかないんですけど、だから自民党は率先して選挙制度改革に取り組んだハズでした。

池上　それから首相が外遊するとき、同行の記者たちに「これでおみやげでも買って」って官房機密費から餞別を渡すんです。

西田　官房長官を務めていた野中広務氏が、のちの取材でバラしましたね。「受け取らなかったのが田原総一朗さんだけだった」と。

池上　当時はネットがなかったから、広く報じるのはマスコミだったわけですね。

西田　マスコミが強かったことの表れですね。

池上　要するに、政治も腐っていましたし、マスコミも腐っていたってことです。

「参議院選挙に出ませんか」と、もちろん出ませんけど

池上　選挙といえば、今は国会議員になっている元アナウンサーの女性がいるでしょう。

西田　誰だろう?「愚か者めが〜」の人でしょうか。

池上　そう、その人。あれは本当にいい記録に残ったよね。あの女性はテレ朝のメイクルームでメイクをしているとき、たまたま女性の議員が国会に出ているのを見て、「あ、この手もあるのね」って言ったんだって。私は横で聞いていた人から直接、聞いた。

西田　いいですね。

池上　選挙には「絶対に出ません」って言い張っていたんです。で、上司の聞き取りに対しても「絶対に出ません」と言った日の午後、出馬宣言したんです。

西田　ウソつきですね。

池上　ウソつきそのものです。一緒に仕事をしたことないけど、性格が悪いな〜と。だいたい国会で「愚か者めが」なんてヤジを飛ばさないでしょう。政策を批判するのはいいんですよ。でも人格攻撃はいけない。やっぱりヤジにも品格が出るので。みんながどっと笑うようなヤジならいいけど…。

西田　そうですよね。

池上　何年か前にですね、某所から「参議院選挙に出ませんか」と、もちろん出ませんけど。そのとき、「たとえば障がい者の人だとか、苦しい人がいっぱいいます」と。「その声が中央に届きません。そういう人の代弁者として国会議員になることの意味があるんじゃないですか」と言われて、なるほど〜、こうやって口説かれてタレントたちが選挙に出て行くんだなと。私はそれでも心動かされませんでしたけど、ちょっとわかりました。

西田　ぼくもちょっと前に、某政党から「市長選挙に出ませんか」と。若い男性でフレッシュな印象を出したいという語り口でした。でも「大学教員を辞めて選挙に出て、選挙に落選したらどうすればいいんですか？」と聞いたら、「参議院選挙が次に控えていますから大丈夫です」って。

池上　国政だ、なんで出なかったの？

西田　家族の反対ですかね。ただ、どうやって口説くんだろうということに興味があったので、話を聞きに行ってしまいました。

池上　なるほど。結局、われわれが読者のみなさんに言いたいことは「監視が必要だよ」ってことですよね。でないと、私たちの税金が無駄遣いされます。

西田　おっしゃる通りです。

池上　日本人ももっとワークライフバランスが整えば、政治について考えるゆとりが生まれるかもしれない。ヨーロッパ諸国があれだけ政治意識が高いのは、プライベートな時間が結構あるからだと思いますね。

選挙

某政党から「市長選挙に出ませんか」と誘われました（笑）
ぼくもちょっと前に、

政治報道

西田　昔はネットがなかったから、広く報じるのはマスコミだけだったわけですよね。ネットが出て来たから、政治家たちが反論権を手にした。つまり昔はマスコミの方が強かった。

池上　今は「マスゴミ」と言われますからね。

西田　でも、昔の方が政治に余裕があって、報道に関してもブツクサ言わなかったでしょう。

池上　そうですね。批判しても「批判されちゃった、アハハハ」で終わり。安倍政権になって民放からNHKからあらゆる番組をチェックして、ちょっとでも批判されると必ず抗議電話がかかってきましたから。

西田　クレーム電話が来るらしいですね。

池上　その対応でみんなくたびれて、そのうちだんだん「触れないでおけば問題ない」って。

西田　じゃあ、池上さんのテレ東の選挙特番の後なんか…。

池上　テレビ東京は番外地だったので（笑）。でもそのうち「テレビ東京です」と言った途端、「あ、取材に応じません」ってガチャンと電話を切られるんだって。テレ朝の番組で特定秘密保護法の解説をしたときなんか、すぐに内閣府の幹部が「ご説明に参ります」ってやって来て。

西田　ああ、大学の研究室にも来ますよね。

池上　ご説明に来るのが局長級なのか、課長級なのか、課長補佐級かによって自分が向こうからどの程度に思われているのかがわかる（笑）。

西田　ぼくのところに来るのはだいたい課長補佐級なんですけど…。

ネットが出て来たから、政治家たちが反論権を手にした

CHAPTER

3

政治家をビビらせる第一歩

今の政党を知っておく

どの政党がいいかわからず投票に行けない。
そんな自分にさようならです。
政党を知ることは難しくはありません。
その一歩が、政治家に緊張感を与えます。

— POLITICS —

自民党にあらずんば政党に非ず？
絶対王者「自由民主党」

自民党のことを、「キャッチオールパーティ（catch-all party）」といいます。「いいました」かもしれませんね。日本語だと「包括政党」。イデオロギーの左右も政策も問わず、広く国民から支持されたからです。**国民のいろいろな考えをなんでも引き受ける。**さらに昔は「国民政党」といったものです。

ただ、**今の自民党は「ウイング」（ぼくは「政策の幅」と呼んでいます）がだいぶ狭まった**と感じます。昔と比べて保守色が強くなっていますし、政策的にも多様性が落ちてきています。安倍政権、菅政権、岸田政権と総裁派閥が変わってもぜんぜん政策の傾向が変わりません。

たとえば「河野談話」（戦時中、朝鮮半島の女性らが旧日本軍の性の相手をさせられたとする慰安婦について、軍の関与を認めて謝罪）を出した河野洋平氏（河野太郎氏のお父さん）や、元首相の宮澤喜一氏などは、今の自民党の雰囲気からいえば、ちょっとどこの派閥にも当てはまらない。時代が違うといえばそれまでなんですが、宏池会のいわゆる「軽武装・国際協調・憲法改正は将来に棚上げ」派で、彼らこそが自民党の「保守本流」であり、当時はそれが自民党のスタンダードでした。

DATA

党首名	岸田文雄	
国会議員数	衆議院議員	262名
	参議院議員	118名
政党交付金	159億1,011万円	

※データは2023年12月時点のもの。

派閥でいうと、吉田茂氏の薫陶を受けた（「吉田学校」などと呼ばれました）池田勇人氏から、今の岸田派に連なる「宏池会」の伝統です。

逆サイドにかつての非主流派として安倍晋三元首相がいた「清和政策研究会」（以下、清和研）があります。遡ると岸信介氏（安倍晋三氏のおじいさん）がいて、森喜朗氏→小泉純一郎氏→安倍晋三氏と連なるラインですね。清和研は「長く自民党の非主流派だった」というのがポイント。その流れを汲む安倍派が、100人近い自民党の中の最大派閥になりました。自民党が右傾化したというときはこの辺の事情が念頭に置かれています。

宏池会の流れを汲む岸田派は、自民党の第4派閥ですから、追い落とされないためには、清和研に配慮するしかなかったのです。パーティー券問題では、捨て身で岸田派解散を表明しました。

最近の自民党の派閥

名称	通称
清和政策研究会	安倍派
平成研究会	茂木派
志帥会	二階派
近未来政治研究会	森山派
志公会	麻生派
宏池政策研究会	岸田派

Nishida's memo

派閥　自民党内の政策集団のこと。無派閥で総理・総裁に選ばれたのは菅氏がはじめて。立憲民主党は「党内グループ」と呼ぶ。

では、**なぜ清和研が力を持つようになったのか。**

時間を遡ると、2000年に首相をしていた小渕恵三氏（小渕優子氏のお父さん）が突然、脳梗塞で亡くなりました。恒久減税など、一見、地味ながら重要な仕事を残した人です。その際に、誰を総裁にするかを当時、自民党の有力議員だった5人（「五人組」）が〝密室で協議〟をした末に、森喜朗氏を選びます。

総理就任直後に「日本は（天皇を中心とする）神の国」と発言するなど、失言も多くて、支持率が急落するんですが、その後に総理になった同じ清和研の小泉純一郎氏はたいへんな人気を集め、その小泉政権の下で抜擢され、政府と党の要職を務め、事実上の後継指名を受けた**安倍晋三氏は国民からの期待感が高く、かくして清和研の天下が続きました。**憲政史上最長政権を実現した安倍政権はその代表でしょう。

もう1つテクニカル的なことをいえば、**「自公連立政権」が固定化したのは、清和研のもとでです。**それまでは自民党と公明党はずっと仲が悪かった。東京17区では自公対決（1996年総選挙は新進党）で、今や公明党の顔として定着した山口那津男氏が2度も自民党の平沢勝栄氏に苦汁を飲まされます。ところが1998年の参議院選挙で自民党が議席を大幅に減らすと「選挙に勝つためには、背に腹は代えられない」とばかりに公明党に急接近します。

麻生派のボスである麻生太郎氏が公明党幹部を「ガン」だと発言したことから未だに相当嫌いみたいですが、安倍政権の間は蜜月関係でした。菅義偉氏が窓口になったといわれていますから、菅政権時代も関係はよかったですよね。

Nishida's memo

右傾化 思想が保守的な方向に変化すること。日本においては「反共産主義」「軍備拡張」「歴史の肯定」などが保守思想。

自民党の田中角栄氏の子分だった竹下登氏（タレントのＤＡＩＧＯ氏のおじいちゃん）、金丸信氏らが結成した「経世会」が天下をとった時期もありました。でも、結果だけ見れば金に汚かったので、政治とカネの事件でことごとくつまずいてしまった。ある意味では、それを契機に小泉純一郎氏が勢いづきました。

小泉氏は２００１年の自民党の総裁選で**「自民党をぶっ壊す」と連呼したわけですが、これは田中角栄政権以来30年も続く経世会（旧田中派）支配を打倒するという意味だった**ともいわれています。

この言葉に国民は熱狂しましたが、**国民の生活も自民党の多様性や政策の幅もぶっ壊れました。**

中選挙区時代は「お金を撒く力」が各派閥のボスに求められましたが、それが使えなくなったとたんに経世会は力を失いました。経世会は今、茂木派に引き継がれていますが、どうでしょうか。

２０２３年11月現在、自民党には６つの派閥があって、どの派閥も勢力を拡大したい。というのも、**自民党の総裁選は党のリーダーを決める選挙ですが、実質的には総理大臣を決める選挙。**派閥の人数が多いほど、有利ですからね。

Nishida's memo
恒久減税　家計の負担軽減を目的に、実施期限はなしで、税制改正によって変更されない限りずっと継続される減税策。

自民党は正式には「自由民主党」という名前です。自由民主主義を標榜しているからだと思う人がいるかもしれませんが、もともと**1955年に「自由党」と「日本民主党」が一緒になったから**です。くっついたから、自由民主党。実に日本的ですね。

以降、下野（与党でなくなった）したのは1993年と2009年の政権交代で野党となった期間で、合計しても4年程度しかありません。結局、**1955年の結党からこれまで自民党の「一党支配」状態が続きました**（多くの自民党と少数の社会党が対峙した日本政治の構図を「55年体制」といいます）。

自民党が下野した時期を知る政治家はみな「地獄だった」といいます。野党になるとなんの権力もない。誰も陳情に来ない。なんなら、メディアの記者もいなくなってしまったそうです。当時の屈辱感が自民党を結束させ、逆に政権をとったはずの民主党は統治の経験と知恵が乏しかったこともあって、分裂してしまいました。

自民党は組織能力が高いんですね。ぼくが思うに、**蓄積された統治の知恵と経験、組織は懐が深くて底なし沼**です。国政選挙の手足となり、政治活動量を支える地方議員の数も多いです（繰り返しますが、都道府県議員の数は自民党が1位で、市町村議会の議員の数は公明党が1位です）。

自民党は大きな政党なので、自民党内の派閥で擬似的な政権交代が繰り返され、野党の出る幕がないともいわれました。これでは政治的な緊張感が出るはずもありません。

アメリカだと、IT業界は民主党支持だったりしますが、**日本の場合は大企業の世界も地方の経済界も、スタートアップ企業やNPOも軒並み自民党支持。**

与党とコミュニケーションする方が陳情や規制変更に有利だからです。そう考えると、絶対王者の自民党支持が強いのも当然といえば当然ですが、なんだかつまらないですね。

自民党の友好団体の一例

ジャンル	団体名
教育	全日本教職員連盟
医療	日本医師連盟・日本歯科医師連盟
観光	全国旅館ホテル生活衛生同業組合連合会
運輸	全日本トラック協会
農業	全国農業協同組合中央会
酪農	日本酪農政治連盟
水産	全国漁業協同組合連合会
法務	全国社会保険労務士政治連盟

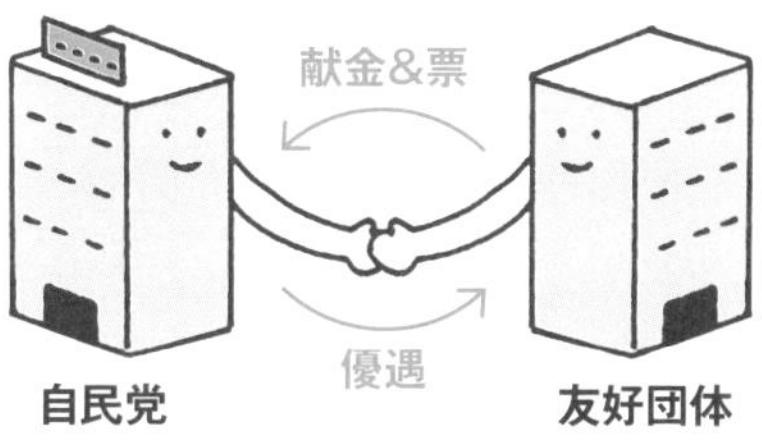

野党第一党だけど反自民の受け皿になれていない「立憲民主党」

現在の立憲民主党は、2020年に新しくできた政党です。

2009年~2012年、**自民党から政権を奪って与党となった民主党が実質的には起源に当たりますが、新しくできた政党**なんですね。だから、事務局や地方組織はたいへん脆弱です。地方議員の数も少ない。政権交代を実現した民主党の鳩山政権は300を超える議席を獲得し、最初は内閣支持率70%という驚異の高さでした。

民主党政権は3年3カ月政権運営をし、3人の首相を出しました。当初こそ「日本にもついに本格的な二大政党制が」と期待されていましたが、実際にはうまくいきませんでした。「政治主導」を掲げて事務次官会議を廃止して官僚を敵に回してしまったり混乱が生じました。沖縄県の普天間基地の県外移設問題や、2010年参院選で敗北し、政権交代のきっかけにもなったねじれ国会が生じました。

2011年には未曽有の規模の、まさに国難というほかない東日本大震災も重なり、2012年の衆議院議員選挙では大敗し、第2次安倍政権が誕生します。

その後、2016年に自民党に対抗する党として党の名前を変えて「民進党」となります。

DATA

党首名	泉 健太	
国会議員数	衆議院議員	95名
	参議院議員	38名
政党交付金	68億3,259万9千円	

※データは2023年12月時点のもの。

ただ、鳴かず飛ばずで勢力が伸びず、前原誠司氏が代表だったときに「これでは、ほとんどの人が選挙に落選してしまう」と、当時、物凄い人気だった東京都知事の小池百合子氏が、国政に進出しようと立ち上げた「希望の党」と合流する案を提示します。「よし、みんなで希望の党へ行こう。希望の党から立候補するといいんじゃないか」ということになりました。

ところが、小池氏は「考え方の違う人（リベラル派）は排除します」と、全員の受け入れを拒否。希望の党から「排除された側」の人がつくったのが、旧立憲民主党です。希望の党にはじき出された枝野幸男氏が代表となり、衆院選では同情票も集めて野党第一党になりました。ただ、少なくない議員が希望の党に参加し、かつて政権を担った旧民主党は分裂してしまいました。

立憲民主党の主要な支持母体は前にも説明した「連合」です。労働組合のナショナルセンターですね。

2011年の東日本大震災を経て、労働組合にも大きな分裂が生まれました。震災による福島第一原発の事故によって、当時の民主党は原発ゼロ政策に舵を切りました。連合参加の労働組合には、原発ゼロに賛成できない民間労組が少なくありません。原発で働く人たちの雇用が危ぶまれるからです。

立憲民主党は原発ゼロを党の綱領に掲げました。一方、同じ連合を支持母体に持つ国民民主

Nishida's memo　ねじれ国会　衆議院では与党が過半数の議席を持っているのに、参議院では野党が過半数の議席を占めている状態。

党は原発にある程度理解を示すようになりました。

このため、かつての**「総評系」は立憲民主党支持、民間産別、旧同盟系はもっぱら国民民主党支持**になりました。両者の溝は深く、未だに修復できない状態です。

しかも労働組合の政治活動は弱体化しています。連合加盟の労働組合の労働組合員で700万票もあるはずなのに、比例で250万票しかとれていないんです。いろいろな可能性がありえますが、少なくとも労働組合の政治活動が組合員に支持されているとはいえなそうです。

そういえば最近、立憲民主党の若手議員の方とネットの番組で話す機会があったんですが、「立憲民主党は原発の再稼働に反対していない」と言うんですね。だけど政党の基本綱領を読むと、原発は段階的に廃止していくとしか書かれていない。

立憲民主党の改革派が出版した本にもそもそも原発に賛成か反対かという設問設定が古いなどと書かれていて、結局、主張はよくわかりません。政党支持率も横ばいのままです。

しっかりとした野党が存在してこそ政治に緊張感を与えるのに、野党が票を取れない状況では困りますね。立憲民主党が現実化するのが先か、日本維新の会がマイルドになって、たとえば自民党の一部とくっつくのが先か、これから10年でなにか新しい大きな動きが日本政治に起きるでしょうか。1つは政治とカネの問題かもしれません。自民党の裏金問題は安倍派を直撃し、岸田政権は大きな衝撃を受けています。

Nishida's memo
綱領　政党の政策や主張、活動方針などの要点をまとめた文書。選挙公約を示す「マニフェスト」は違う。

民主党から立憲民主党までの系譜

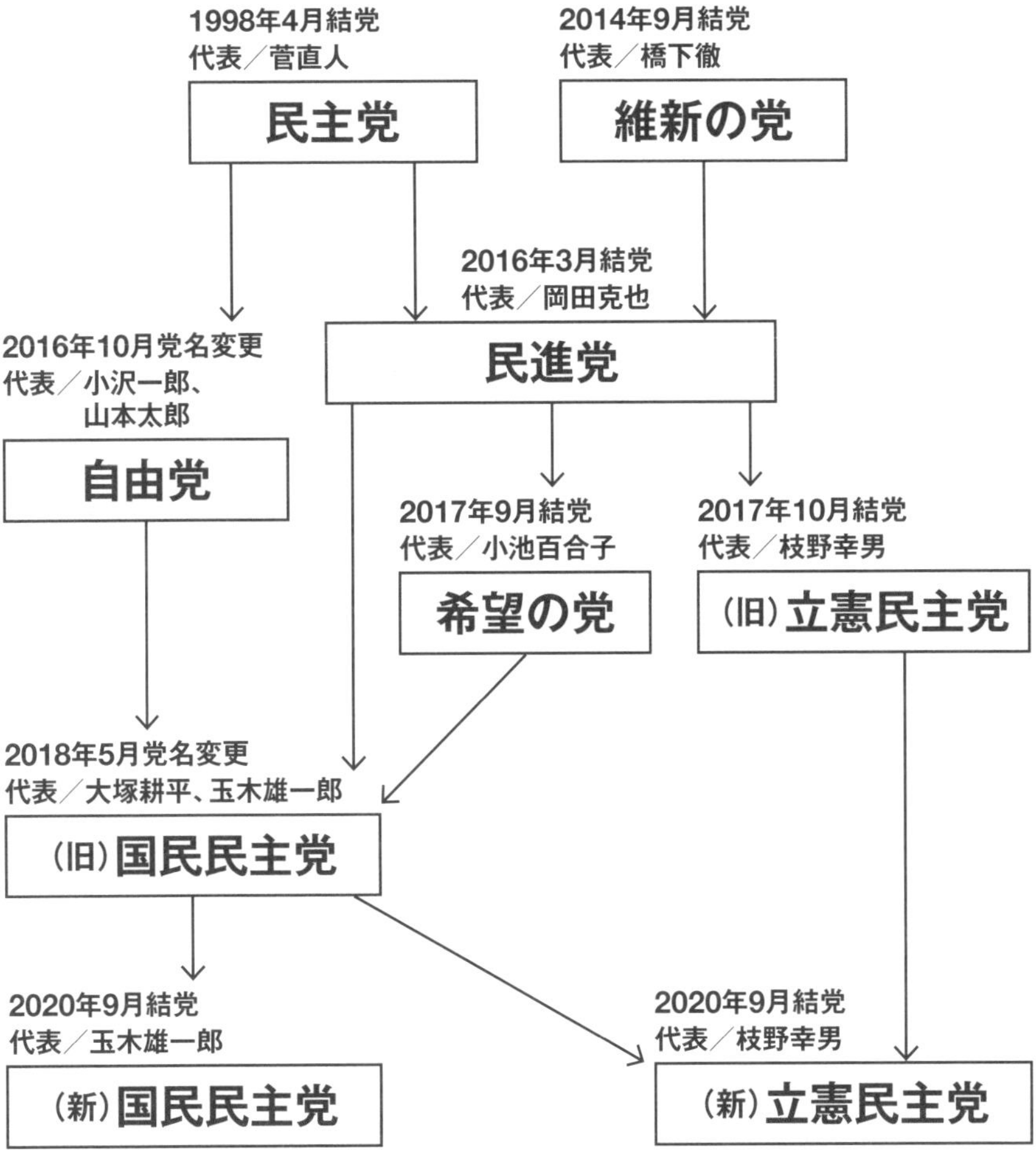
1998年4月結党
代表／菅直人
民主党
2014年9月結党
代表／橋下徹
維新の党
2016年3月結党
代表／岡田克也
民進党
2016年10月党名変更
代表／小沢一郎、山本太郎
自由党
2017年9月結党
代表／小池百合子
希望の党
2017年10月結党
代表／枝野幸男
（旧）立憲民主党
2018年5月党名変更
代表／大塚耕平、玉木雄一郎
（旧）国民民主党
2020年9月結党
代表／玉木雄一郎
（新）国民民主党
2020年9月結党
代表／枝野幸男
（新）立憲民主党

実は身を切っていない？野党第一党を狙う「日本維新の会」

日本維新の会の母体は、地域政党の「大阪維新の会」です。2010年に橋下徹大阪府知事と大阪自民党を離党した松井一郎府議が仲間を引き連れて結成しました。「自民党のままでは改革ができない」と、維新前代表の松井氏が大阪自民党を割ったんですね。

今では19ある大阪の小選挙区で勝つ自民党候補がいなくなってしまうまでになりました。大阪維新の会は、二重行政を解消する「大阪都構想」の実現を旗印にしました。大阪は大阪府と大阪市で重なっている無駄な仕事が多いので、司令塔を一本化しようとしたわけです。

結成当時は大阪限定のローカル政党でしたが、その後全国政党化を目指し、2年後の2012年9月に「日本維新の会」を結党。衆院選に擁立する候補者選定には、竹中平蔵氏を起用しました。今や、「日本維新の会」は政党支持率で立憲を上回ることすら起きるようになりました。

日本維新の会には、自民党や公明党のような明確な支持団体はありません。選挙の仕方を見ると典型的な「どぶ板」です。候補者が一軒一軒、訪問して回るようなかたちに象徴される地道な選挙戦法です。もともと自民党の地方議員が多かったこともあり、古典的な自民党の選挙

DATA

党首名	馬場伸幸	
国会議員数	衆議院議員	41名
	参議院議員	20名
政党交付金	33億5,145万1千円	

※データは2023年12月時点のもの。

を知っていたからでしょう。

大阪では公明党が強かったのですが、**「大阪を改革して、副首都にするぜ！」と関西人の心をつかみ、もはや大阪は維新帝国。**衆院選では大阪の全選挙区に候補者を擁立して公明党とも全面対決すると息巻いています。ただ、関西圏ではすさまじい存在感ですが、ほかの地域ではまだまだ根が張れていないので、**ローカル政党から全国政党へ飛躍できるかどうかは見もの**です。

国会では、与党の自民党、野党第一党の立憲民主党とある時は協力したり、またディスりまくったりで、「喧嘩政治」を武器に存在感を示してきました。

その**人気の秘密は「身を切る改革」**でしょう。議員定数、議員報酬を削減し大阪では高校授業料タダ、給食費タダ、大阪公立大学の授業料もタダ、保育所から大学まで教育費をタダに！を実現しつつあります。こういう話は、日本人の心を打ちます。

一方で、**「維新はスキャンダルだらけで不祥事のデパート」という批判**も根強くあります。大阪維新の会が公認した大阪府池田市の前市長が、市役所へ私物のサウナを持ち込んで庁舎を私物化したり、北方領土の国後島を訪問した日本維新の会の丸山穂高前衆議院議員が「北方領土は戦争しないと取り返せない」と言ったり、「キャバクラに行こうよ、女のいる店で飲ませろや」と発言しました。

ただ、世論調査を見ても政党支持率に大きく影響している様子も見られないどころか、むしろ支持を伸ばしてさえいたりして、あくまでこれはぼくの仮説ですが、「政治的に正しいこと」をあまり気にしない人たちをコアな支持層としているからではないでしょうか。**政治家はちょっとやんちゃなくらいの方がいい?!**

新しく日本維新の会の代表になった馬場信幸氏も発信力のある人で、**自分たちのことを「第二自民党」と公言**しました。言い得て妙だと思いますね。自民党は格上の敵であり、現状を維持していく保守、自分たちは改革する保守。同じ保守でも方向性が違うというのです。実際、立憲支持層より自民支持層を削っている印象です。

でも、**維新はウソつき**ともいえます。維新はずっと「身を切る改革」と言っていますが、基本的に大阪府も大阪市も財政支出は減っていませんし、目につくところにおいてある支出の推移のうち2010年代前半だけ波線を打って省略しています。発掘すればその時期のデータも出て来るのですが、ちょっとセコい。

また無償化は財政支出を伴います。支出が増えればそれは「大きい政府」です。それから特別顧問や特別参与にだけ、ほかの専門職と比べて相当高い謝金の設定になっている。言っていることとやっていることが違います。こういうセコさは即、修正すべきです。

だけど、絶対王者の自民党がいて、野党第一党の立憲民主党がいて、**維新はチャレンジャー**

なので、「ウソも方便」という好意的な見方もできるでしょう。でも、どうかな。いつまでもそんなことをやっているようだと支持は広がらないのでは。

国民民主党と維新は比較的友好関係。ただ国民民主党のバックには連合がついています。維新が連合の方向性と大きく食い違うのは、金銭解雇。連合は労働者の立場に立つので金銭解雇に反対ですが、維新は労働の流動化を主張しています。ちょっと食い合わせが悪そうです。

日本共産党のことは「日本になくなったらいい政党。あり得ない空想の世界を真面目に考えている」とこき下ろし、立憲民主党については「叩き潰して消滅させる」と言っています。そういう意味では、**よくも悪くもスタンスが明確**です。

日本維新の会と大阪地政との相関図

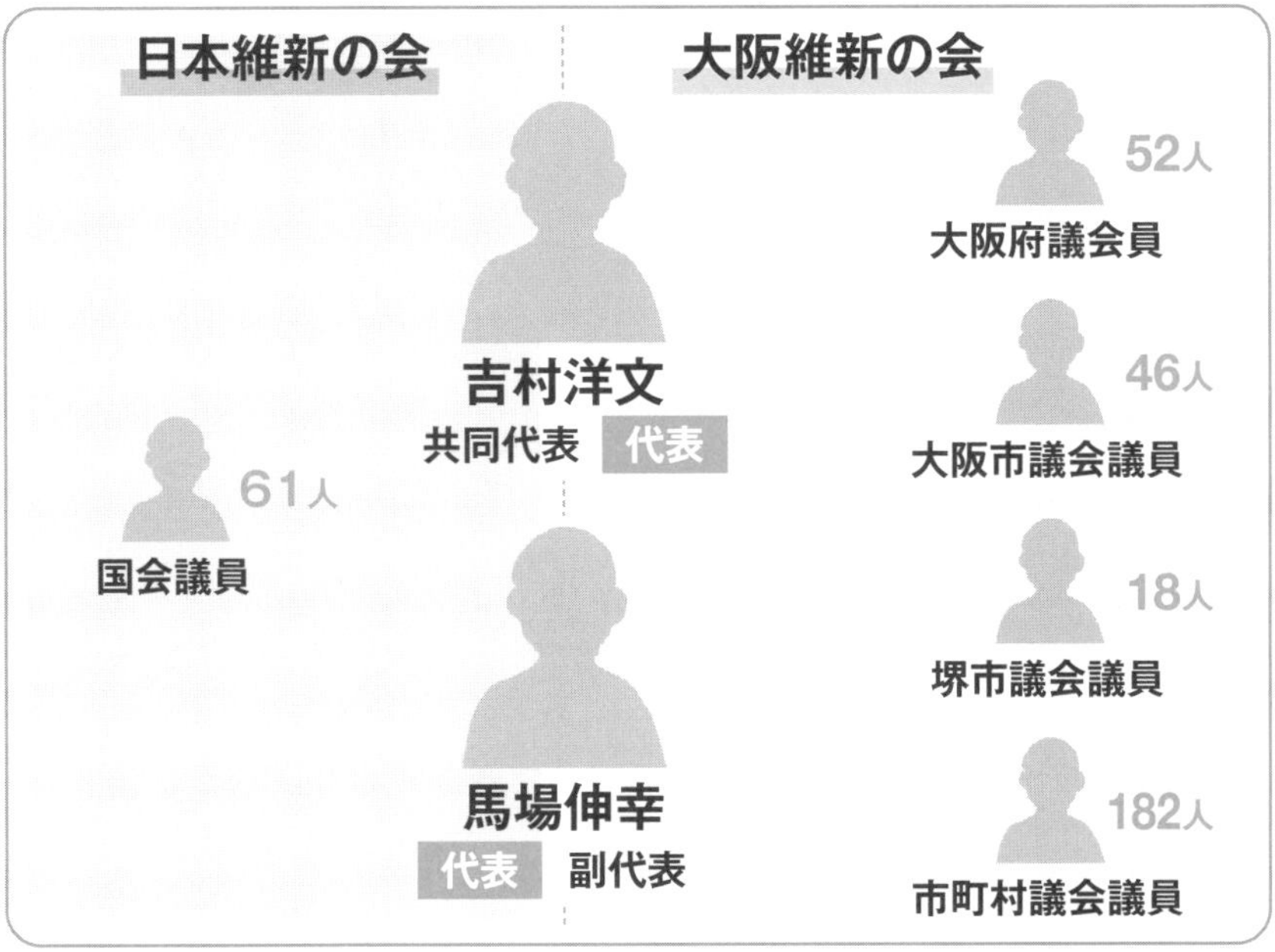

Nishida's memo
金銭解雇　解雇の問題をお金で解決する制度で、裁判で不当解雇と認められたとき企業側からの補償金で解雇に応じるもの。

とにかく明るい「公明党」創価学会の組織票が最大の武器

公明党は1961年に「創価学会」の3代目会長である池田大作氏がつくった「公明政治連盟」に遡ることができます。1964年に「公明党」に改名し、現在に至ります。1993年には連立政権に参加して非自民連立政権を担っていました。しかし、1999年からは自民党と連立政権を組み、民主党政権の期間を除いてずっと政権与党の側にいます。

公明党は〈生命・生活・生存〉を最大に尊重する人間主義や、人間の幸福追求、そして長く「大衆福祉」を掲げています。昔は福祉に対して政治が冷淡だったと公明党は主張します。**与党と手を組むのが主張を実現するのにいちばんの近道**だと考えます。

たとえば都議会公明党も、「小学校へのエアコン導入」を成果と主張しています。

ときどき創価学会の青年部（若手のリーダー）の人たちとも議論することがありますが、人間関係が物凄く密ですね。都会や現代では珍しいほどです。

自民党と連立を組んで20年以上にもなるわけですが、安倍政権が終わって以来、両者の関係は悪化しています。岸田政権になって、「投票では選挙協力しない」と言っていた時期もあり

DATA

党首名	山口那津男
国会議員数	衆議院議員　32名
	参議院議員　27名
政党交付金	28億6,989万8千円

※データは2023年12月時点のもの。

ます。統一地方選挙や地方選挙などの結果を経て、急速に両者は関係修復を行っています。公明党と創価学会の支援なくして、自民党が勝てそうにないことが露呈したからです。

つまり**自民党にとっても公明党の支持母体である創価学会の組織票は魅力的。**

創価学会の会員は、公式には827万世帯といわれています。選挙になると、全国にいる創価学会のメンバーは公明党を応援するわけです。ただし、創価学会と公明党の関係は案外興味深くて、公明党の議員は自分で出るというよりは適任の人が周りから担がれます。だから、不祥事を起こすとあっという間に辞任せざるをえなくなりますし、創価学会のメンバーが公明党を突き上げている場面を何度も目にしたことがあります。

3代目の池田大作名誉会長が亡くなりました。創価学会の政界進出を強くプッシュした人で、公明党の今後に疑問を持つ向きもありますが、むしろますます結束が強まるのではないでしょうか。

票だけではなく、**創価学会の選挙運動はたいへん熱心ですから、低投票率選挙の時代にたいへん頼りになります。**その人たちが選挙区では確実に自民党の候補に入れてくれる。それが上乗せされないと、自民党では選挙に勝てない人がたくさんいます。

選挙でそれくらい創価学会が協力しているんだから政策面で公明党の主張を聞いてほしいと圧力をかけることができます。そして「比例は公明党へ」と自民党や支持者にプレッシャーをかける。かくして**公明党の議席数は少なくても自民党や政府に対して相当の影響力**があります。

Nishida's memo

連立政権 複数の政党が組んで政権を担当すること。1つの党だけで内閣を組織する場合は「単独政権」という。

共産党の名前を頑なに守り続ける
戦後は万年野党の「日本共産党」

正式名称は「日本共産党」です。戦前からあって、2022年で結党100年を迎えました。設立されたのは1922年。**最も古い国政政党です。**

共産主義は簡単に言うと、**「お金持ちもいなければ、貧乏人もいない、平等な世の中を目指そう」という考え方**です。いきなり平等な世の中というのもムリだから、まずは健全な議会政治のもとで国をコントロールしようという考え方が「社会主義」になります。

戦前の日本共産党は「暴力革命を起こそう」という過激な集団でした。

共産主義、そしてその元祖ともいえるマルクスの思想は、第2次世界大戦後には2つの思想的な受け皿になりました。1つは、主にインテリたちの思想的な受け皿。もう1つは、人々の間に根差した生活主義や消費者運動。いつの時代も少数議席を守りながら、自民党(保守政治)に対して批判的な目を向ける役割を担ってきました。

たとえば都道府県議会議員の数は自民党と公明党に次いで3位。市町村議会議員の数は公明党に次いで2位です。地域に根を張っているといえそうです。

ちなみに共産党は公明党と、伝統的に仲が悪いです。お互いに勢力拡大過程でバッティング

DATA

党首名	田村智子	
国会議員数	衆議院議員	10名
	参議院議員	11名
政党交付金	拒否	

※ここのみデータは2024年1月時点のもの。

したこともあって、しばしばそれぞれの媒体で非難合戦を行うなど対立してきました。党首を選挙で選ばないことも気になります。共産党の志位和夫前委員長は、22年以上もずっと委員長でした。共産党は、志位委員長の辞任や、委員長を全党員による投票で決めようと要求する著書を出版した党員を除名処分にしました。異議を申し立てるだけで除名というのは解せないですね。

創価学会も反共産党だし、非共産党系の労働組合を束ねる連合も反共産党だし、共産党は結構敵が多いんですね。四面楚歌状態です。連合は二大政党制を掲げているのですが。共産党系の労働組合は排除されています。共産党系の労働組合は「全労連」という別団体をつくっていて、連合とは犬猿の仲です。

ぼくは**共産党の主張は明らかに矛盾していること**が気になっています。「天皇制の廃止」を主張するのであれば、憲法改正に対して肯定じゃないと成立しませんね。日本国憲法の「いの一番」は天皇制から始まるわけですから。なのに憲法改正には反対しています。よくわからないですね。それから対米従属からの脱却を主張するのであれば、アメリカに依存している安全保障を自国で担うことになりますから、相対的に重武装が必要になるはずです。それなのに、自衛隊に反対？　共産党の最近の主張は脱原発ですが、かつては原発を「夢のエネルギー」と呼んでいました。それから現在では「愛国」という言葉はすっかり右っぽい雰囲気がありますが、もともとは共産党が主張していたんですよ（小熊英二『〈民主〉と〈愛国〉』新曜社）。

Nishida's memo
国政政党　公職選挙法によって定められた条件を満たした政治団体のこと。全国的な政策に関与する。地方は「地域政党」。

日本維新の会が第二自民党なら「国民民主党」は第三自民党か？

かつて、リベラル系の政党だった民進党の議員たちが、選挙のために保守寄りの小池百合子氏率いる「希望の党」に入れてもらおうとした、希望の党への合流騒動がありました。すっかり忘れられていますけど、今、立憲民主党の看板みたいな顔をしている国会議員にも、希望の党にふらふら流れていった人が結構いますね。民進党は寄り合い所帯だったんです。

希望の党へ移ったのは、民進党の中でも保守寄りか選挙に弱い人たちでした。排除されたリベラル系の人は、新しく立憲民主党をつくったり、無所属で選挙を戦った人もいました。つまり民進党は3つに分裂したわけです。結局、選挙では立憲民主が票を伸ばし、希望の党は失速してしまいました。

その後、またもう1回くっつこうと国民民主から立憲民主へ移った人もいるんですが、一貫して立憲民主党の方へ行かなかったのが、現在の国民民主党の代表である玉木雄一郎氏であり、代表代行の前原誠司氏でした。

野党の中には、立憲民主とか維新とかいろいろありますが、**立憲民主と国民民主に関してはどうも仲たがいしていて、今のところ選挙協力にも応じる気はなさそう**です。

DATA

党首名	玉木雄一郎	
国会議員数	衆議院議員	10名
	参議院議員	11名
政党交付金	11億7,325万1千円	

※データは2023年12月時点のもの。

でも与党・自民党としては、野党がバラバラになっていてくれた方が都合がいい。玉木代表は、野党でありながら政府の予算案に賛成するなど自民党にすり寄るような行動をとる一方、岸田文雄首相は、国民民主党の前参議院議員で、党の副代表を務めた民間労組（パナソニック社員）出身の矢田稚子氏を首相補佐官に起用しました。

よもや「自公国」の連立もありか？　と話題になりました。

ただ、**問題は代表の玉木氏と代表代行の前原氏の「自民党との距離の取り方」が違ったこと。**玉木氏が自民党との距離を縮めているのに対し、前原氏は維新との距離を縮めたい。前原氏は「反自民・非共産」を掲げ、野党で選挙協力して議席を増やしていこうという考えです。

それを鮮明にしたのが2022年7月に行われた参議院議員選挙でした。京都選挙区では2つの枠を争って9人が立候補しました。その中には、前原氏のかつての盟友である立憲民主党の現職・福山哲郎氏もいました。前原氏は旧・民主党時代から長年、福山氏の選挙を支えてきましたが、この選挙で前原氏は「維新との政策の一致」を理由に、日本維新の会から出馬した新人・楠井祐子氏を応援したのです。盟友同士の「骨肉の争い」といわれました。

2023年9月2日、そんな前原氏と玉木氏が代表選を戦いました。結果は玉木氏が再選。前原氏はノーサイドを強調しましたが、出ていくのではという人もいました。

その後、前原氏はとうとう教育無償化のシングルイシューを掲げて党を割りました。いずれどこかの政党への合流を目論んでいるのでしょう。

Nishida's memo シングルイシュー　シングルとは「単一の」、イシューは「問題」で、問題点や論点が1つであることを指す。

あの重鎮・小沢一郎氏と袂を分かち山本太郎氏が立ち上げた「れいわ新選組」

元俳優、元タレントの山本太郎氏が結成した左派の政党です。山本氏は以前、政界の重鎮・小沢一郎氏と自由党の共同代表を務めていたこともありました。

れいわ新選組といえば、参議院の比例代表にできた「特別枠」を利用して、難病の患者と重度の身体障がいのある2人を当選させたことが話題となりました。筋萎縮性側索硬化症（ALS）患者の舩後靖彦議員と、脳性まひを患う木村英子議員です。

参議院の比例代表はいわゆる「非拘束名簿式」で、個人名で獲得した票が多い順に当選する仕組みです。

2018年の公職選挙法の改正で、この比例代表に「特別枠」という、あらかじめ政党の決めた順位で当選者が決められる仕組みが導入されました。個人名の得票に関係なく、特別に政党が当選させたい人を当選させることができるのです。

1票の格差是正のために「合区」になった「高知と徳島」と「鳥取と島根」のそれぞれの選挙区では現役議員がいるわけですが、到底、合区に納得できません。事実上、その人たちを救

DATA

党首名	山本太郎
国会議員数	衆議院議員　3名
	参議院議員　5名
政党交付金	6億1,969万1千円

※データは2023年12月時点のもの。

済するために導入されました。

ところがれいわ新選組は、**「誰も切り捨てられない社会をつくる」**と訴えて、舩後氏と木村氏を特別枠で擁立。比例で2議席を獲得しました。一方、比例で候補として100万票近い個人票を集めた山本代表は落選します。

これは画期的なことで、国会はたぶん大型の車いすが通れるようにバリアフリー化もしたはずですし、介助ができるよう院内のルールも変更したはずです。古い政治の世界をアップデートしした。**重い障がいがある人たちが国会で質問できることを示し、先例をつくったという意味でたいへん大きな仕事をしました。**

れいわ新選組は以前から存在した「穏健な異議申し立て運動」的なものが政党化した印象です。「歌って踊る」みたいな選挙運動をする人っていつの時代も結構いるんです。

三宅洋平氏というミュージシャンが、音楽家の喜納昌吉氏から影響を受けて「選挙フェス」をやったことがあります。音楽と街頭演説を融合させた選挙フェスをライブ配信するといった選挙運動でした。

2016年の参議院選挙で、山本氏は無所属で立候補した三宅洋平氏を支援しましたが落選しています。

土井たか子氏の時代がピーク アップデートに失敗した「社会民主党」

「社民党」で知られていますが、正式名称は「社会民主党」です。

社会民主党が目指すのは、文字通り「社会民主主義」。理念は、「平和・自由・平等・共生」です。社会民主主義は欧州などでよく見られます。

母体は、戦後にできた「日本社会党」です。この日本社会党が、一度は左派「社会党」と右派「社会党」に分裂するんですが、１９５５年に再統一します。

危機感を持った保守勢力「自由党」と「日本民主党」の保守合同が実現することで、自由民主党が生まれるんです。これを55年体制といって、戦後はこの「自民党」と社会民主党のルーツである「社会党」とが、２大勢力としてしのぎを削りました。ずっと自民党のライバルだったんですね。

社会党は基本的には穏健で現実主義的な主張を掲げ、テロや武装闘争に走る「極左冒険主義」みたいなものとは距離を置きました。

DATA

党首名	福島瑞穂
国会議員数	衆議院議員　1名
	参議院議員　2名
政党交付金	2億6,016万6千円

※データは2023年12月時点のもの。

社会党のピークは、1989年の参議院選挙でした。土井たか子委員長の「マドンナ旋風」により、日本社会党が歴史的な勝利をおさめるんです。「山は動いた」という名言とともに、参議院と衆議院で多数党が異なる「ねじれ国会」状態となりました。

しかし、東西冷戦が終結し、1990年代になると社会党の勢力は急激に弱まっていきます。時代の流れですよね。

世界では、社会民主主義がアップデートする契機がありました。イギリスの労働党には、トニー・ブレアという若い政治家が出て来て、「これからは新しい現実的な労働党になります。市場主義でも、福祉国家でもない第3の道を模索します」と主張しました。

かくして「新しい社会民主主義」という考え方が広まっていきました。

ところが日本は、旧態依然とし続けてしまったんですね。1996年には、党名を日本社会党から現在の「社会民主党」に改名しますが、**支持層の高齢化が激しいこともあり、議席数はどんどん減っています。**

党所属の国会議員は衆議院議員が1人と、参議院の福島瑞穂党首と大椿裕子副党首。**今後も国政政党でいられるか、まさに「崖っぷち」**です。

N党改め「みんなでつくる党」選挙をビジネスにしている？

元ＮＨＫ職員の立花孝志氏によって設立された、シングルイシュー政党ですね。１つの政治課題を争点として選挙を戦う政党のことです。２０１９年の参議院選挙で「ＮＨＫから国民を守る党」としてはじめて議席を得て以降、「N党」で知られていましたが、２０２３年11月「政治家女子48党」改め**「みんなでつくる党」に。**なんと9回目の名称変更だとか。

政治団体としての設立はもっと早い２０１３年で、このときは「ＮＨＫ受信料不払い党」の名称だったようです。結党以来、頻繁に党名を変更していますが、**一貫して訴えているのは「NHKをぶっ壊す！」。**ＮＨＫスクランブル放送の実現です。

スクランブル放送とは、受信料を払った人にしかＮＨＫが見られないように特殊な装置を導入しようということ。受信料を払う人だけがＮＨＫを見られるなら、見ない人は払わなくていいということになります。

これがウケたんですね。**無党派層の票を集めました。**

ＮＨＫの受信料は、多くの人にとって税金みたいなものと感じられています。本当は民事上の特殊な債権だと考えられているんですが、それがなくなって嬉しくない人はいないわけです

DATA

党首名	大津綾香
国会議員数	衆議院議員　0名
	参議院議員　2名
政党交付金	3億3,443万円

※データは2023年12月時点のもの。

よね。

立花氏は巧妙です。選挙運動の制度の穴を突くのがとてもうまい。自分たちは「政党交付金をできるだけ多く得る」と公言しているんですね。

政党助成法によれば、政党交付金の交付の対象となる政党の要件は、

①国会議員5人以上を有する政治団体

②国会議員を有し、かつ、前回の衆議院議員総選挙の小選挙区選挙、もしくは比例代表選挙、または前回もしくは前々回の参議院議員通常選挙の選挙区選挙、もしくは比例代表選挙で得票率が2％以上の政治団体、のいずれかに該当するもの。

だからよしにつけ悪しきにつけ、立候補するつもりのない多くの候補者に立候補してもらうことができれば、比例で票が積み上がります。その議席にガーシー氏のような著名人が最多得票で収まるというカラクリです。

ガーシー氏には熱烈なファンがいるので、日本にいなくてもボランティアを集めることができる。当選する気がないのにお金を払って立候補するということは普通に考えればありえませんが、そんな人をたくさん集めてきたという点において、**制度の隙を突いた**といえます。ある意味、凄い発想力です。

ただ、**ＮＨＫをぶっ壊す前に、今後はお家騒動で自分がつくった政党がぶっ壊れるかもしれません**（所属議員の去就をめぐり係争中です）。

反ワクチン、脱マスクなどを掲げはじめての国政選挙で1議席「参政党」

もともとは吹田市議会議員をやっていた神谷宗幣氏が、いったんは政治の世界から離れたものの、国政政党を目指して2020年に結党したのが「参政党」です。

スローガンは「投票したい政党がないから、自分たちでゼロからつくる」。掲げている政策を見ると、①「教育・人づくり」、②「食と健康、環境保全」、③「国のまもり」。綱領には「天皇を中心に一つにまとまる平和な国をつくる」とあって、**かなり保守色が強い印象**です。

「陰謀論」ともとられかねない主張もしているんですね。

でも精力的に街頭演説を行い、初挑戦の国政選挙となった2022年の参院選で、比例では177万票余りを集め1議席を獲得。社民党とNHK党を上回りました。得票率も2%を超え、公職選挙法上の政党要件を満たしています。

オーガニックのものを子どもに食べさせてあげたいとか、そういう子育て層にも浸透したようです。

DATA

党首名	神谷宗幣	
国会議員数	衆議院議員	0名
	参議院議員	1名
政党交付金	1億8,492万3千円	

※データは2023年12月時点のもの。

参政党が議席を取ったことを不安に感じる人もいるかもしれませんが、国会の法案提出には衆議院20人以上、参議院10人以上、さらに予算を伴う法律案には衆議院50人以上、参議院20人以上という条件があるため、直ちにヘンな法案が提出されたりすることを心配する必要はありません。参政党に限りませんが、**ただ議席を持っただけでは法案を提出したりはできない**んですね。

参政党を支持する人が急に出て来たのはなぜか。すごく難しいんですが、新型コロナとかロシアによるウクライナ侵攻とか、予期せぬ現象が多々起きて、多くの人に不満感情とか不安感情が広がっていることも影響したのではないでしょうか。それが議席を獲得する程度に顕在化した印象です。

なぜそう考えるかというと、参政党は反ワクチンや脱マスクを訴えていますよね。コロナに関連する、「常識的だけれど多くの人たちが面倒くさいと思っていること」に異議を唱えている。**人々の潜在的なニーズみたいなものに応えている**と、捉えることができるのではないかということです。

従来ならそういう異議申し立てみたいなものは、野党第一党に向かっていました。

今は野党第一党がそうした不満の受け皿になれていないと解釈することもできますから、既存政党は少数政党を批判する前に反省するべきです。

IKEGAMI'S EYE

池上は、こう読んだ

自民党は長年与党でしたが、党内には、多様な意見を持った集団が派閥の形で存在しています。総理大臣を出す派閥がときおり交代すると、まるで政権交代が起きたかのように内閣の方針が変わります。これなら、わざわざ野党に政権を渡さなくてもいいじゃないかという気分になる人も多く、真の政権交代が起こりにくいのです。

日本で政権交代が起こりにくいのは、自民党が大きすぎるという面もありますが、野党が政権を奪うために必死になっていないのではないかという側面もあります。政治家によって考え方が異なるのは当たり前。細かいところで違いをあげつらって口論していては、自民党に勝てません。国民は、政権奪取に死に物狂いになる野党の姿を見たいのです。

政党の名前から、その政党を分析するのもおもしろいですね。自民党は、本当に「自由」で「民主」の政党なのか。維新というのは「明治維新」を想起すれば革命的な政党ですが、「昭和維新」を想起すると、戦前の右翼の系譜を受け継いでいるのかと思ってしまいます。党名をつけた人が極めて右翼思想の持ち主ではないかと考えてしまいます。

CHAPTER 4

知識と考え方の軸を持つと、今の政治を判断できる

政治への知識を持つと、
自分なりの考えの軸ができます。
すると、今起こっている政治のあれこれを、
判断できるようになります。

— POLITICS —

「軍備増強」「防衛費増額」と勇ましい日本政府は国民の不安感情につけ込んでいる？

ロシアによるウクライナの軍事侵攻で、国際情勢は一気に不安定になりました。「ウクライナの次は台湾だ」ともいわれています。なぜなら台湾統一は中国の習近平国家主席の悲願であり、そのためには武力行使もあり得るとの姿勢を鮮明にしているからです。日本周辺の安全保障が厳しいものになっているのは間違いありません。

亡くなった安倍晋三元首相は、**「台湾有事は日本有事」**と言っていました。ひとたび台湾有事が起きれば日本は巻き込まれ、大きな被害を受けるという意味です。

中国が台湾を攻撃したら、アメリカが参戦する（守る）と言っています。そうなると、米軍は日本にある米軍基地から台湾に向かうでしょう。そうすれば沖縄など米軍基地のあるところは攻撃の重要な目標となりえます。中国からミサイルが飛んで来るなど攻撃の対象になってもまったくおかしくありません。

中国は２０２３年に軍事費を７・２％増額しました。日本円でなんと30兆円です。

このような状況において、**日本が防衛費や安全保障関係の予算をどれくらい増強させる必要**

Nishida's memo

日本周辺の安全保障　北朝鮮の核開発、中国の海洋進出などの東シナ海問題など、近隣諸国の動向が日本周辺の安全保障問題。

があるかということが議論されています。

かつて日本の歴代内閣は、防衛費をＧＤＰ（国内総生産）比でほぼ１％以内に収めてきました。田中角栄内閣が基準をつくって議論をはじめ、１９７６年の三木武夫内閣で「ＧＤＰ比１％を超えない」と閣議決定し、国内では長くこの基準がスタンダードと考えられてきました。ただＮＡＴＯは２％を基準としていますし、世界の安全保障環境が変化する中で妥当かどうかは議論が必要でしょう。

周辺国の軍拡や世界の変化を踏まえて安全保障上の、いわゆるハト派政策が、「非現実的な政策」とみなされるようになってきたのはある意味当然です。むしろ中国と戦争をしない、つまり**日本は安全保障的に脆弱なので容易に侵攻できると思わせないためにも、日本も防衛力を強化しなければならないという認識が高まっています。**

ただ、規模や妥当性には大いに議論の余地がありそうです。

政府は、２０２３～27年度の５年間の防衛費の総額を43兆円に増やすとしています。これはとても大きな金額です。

岸田文雄首相は、27年度に防衛費をＧＤＰ比２％に増額すると決めました。

日本のＧＤＰがざっくり５００兆円、その１％で５兆円ですから、ＧＤＰの２％は10兆円になります。

アメリカの国防費がおよそ100兆円。つまり、日本の国家予算とだいたい同じくらいの規模です。中国が30兆円、日本は現状5兆円、これをGDP1%から2%に増やしたところでせいぜい10兆円規模です。100：30：10。単純比較しただけで、2%にしたところで規模がまったく違います。ウクライナ、イスラエルとアメリカが関連する有事が続く中で、台湾有事にアメリカがどれだけ対処するのか、資源を投入するのか定かではありません。

そもそも冷静に考えると、**台湾有事は起きた時点で日本は「負け」確定**です。理屈はどうあれ、ほぼ必ず日本に影響を及ぼします。

考えてみてください。台湾有事が発生したら、当然、地政学的なリスクが忌避され、株価は下がるし円も下がる。東日本大震災を思い出すと、海外企業は逃避するかもしれません。周辺海域は封鎖されたりするでしょう。中国からすれば、在日米軍基地は十分戦略上の攻撃目標になりえます。物価高騰も今以上のものになるはずです。

2023年8月、自民党副総裁の麻生太郎氏は台湾を訪問した際、「戦う覚悟がある」と発言しました。起きた時点で負け確定の戦いを、戦ってはいけません。いい加減に学習するべきです。

普通に考えれば明らかですが、われわれの社会の合理的判断力にしばしば疑問が残ります。中国が台湾に武力行使をしないためにはどうすればいいか。**台湾有事が起こらないようにする外交力と安全保障のバランスが大事**です。

主要国の国防費（2022年度）

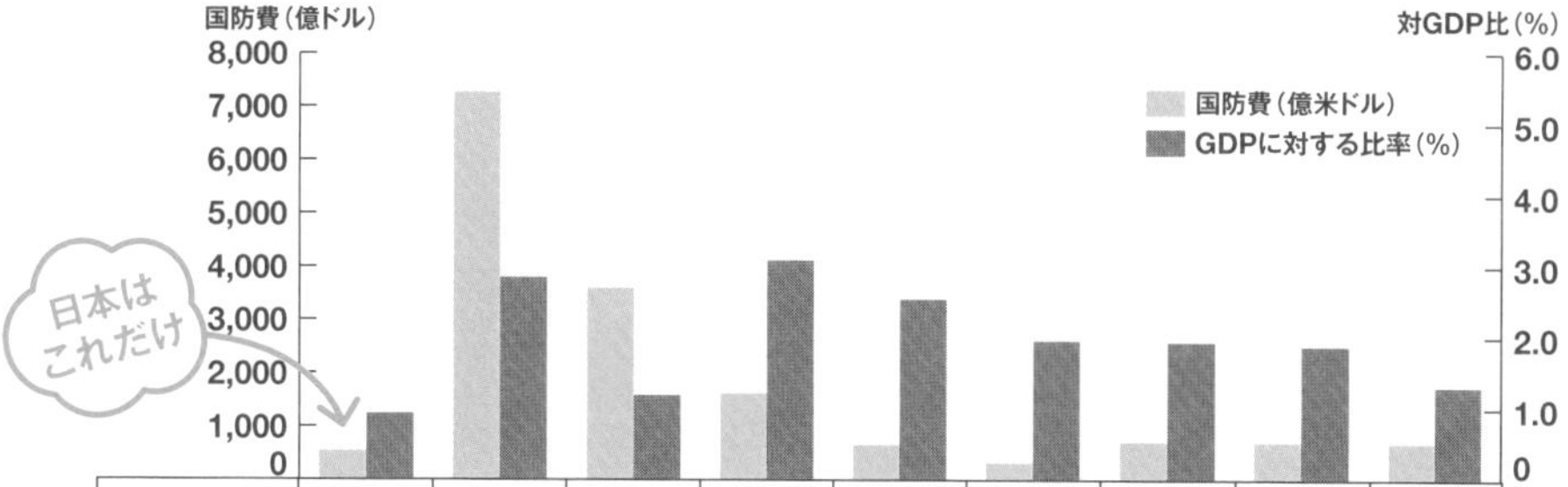

	日本	米国	中国	ロシア	韓国	オーストラリア	英国	フランス	ドイツ
国防費	544	7,266	3,606	1,624	670	332	726	716	701
対GDP比	0.93	2.85	1.19	3.09	2.54	1.96	1.94	1.88	1.31
（参考）NATO公表値による対GDP比	ー	3.46	ー	ー	ー	ー	2.16	1.89	1.49

※国防費については、各国発表の国防費(米国は国防省費)を基に、2022年購買力平価（OECD発表値:2023年4月現在）を用いてドル換算。「1ドル＝95.214288円＝4.021865元＝28.80ルーブル＝815.562523ウォン＝1.446332豪ドル＝0.663595ポンド＝0.692756仏ユーロ＝0.719944独ユーロ」

※中国が国防費として公表している額は、実際に軍事目的に支出している額の一部に過ぎないとみられ、米国防省の分析によれば、実際の国防支出は公表国防予算よりも著しく多いとされる。

※対GDP比については、各国発表の国防費（現地通貨）を基に、IMF発表のGDP値(現地通貨)を用いて試算。

※NATO公表国防費（退役軍人への年金等が含まれる）は各国発表の国防費と異なることがあるため、NATO公表値（2023年3月発表）による対GDP比は、各国発表の国防費を基に試算したGDP比とは必ずしも一致しない。

※SIPRIファクトシート(2023年4月公表)によると、2022年の世界のGDPに占める世界の国防費の割合は、2.2%となっており、日本のGDPに占める防衛関係費の割合は、1.1%となっている。

（防衛省・自衛隊「令和5年版防衛白書〈防衛関係費～防衛力抜本的強化「元年」予算～〉をもとに作成）

防衛費増額の各政党の立ち位置

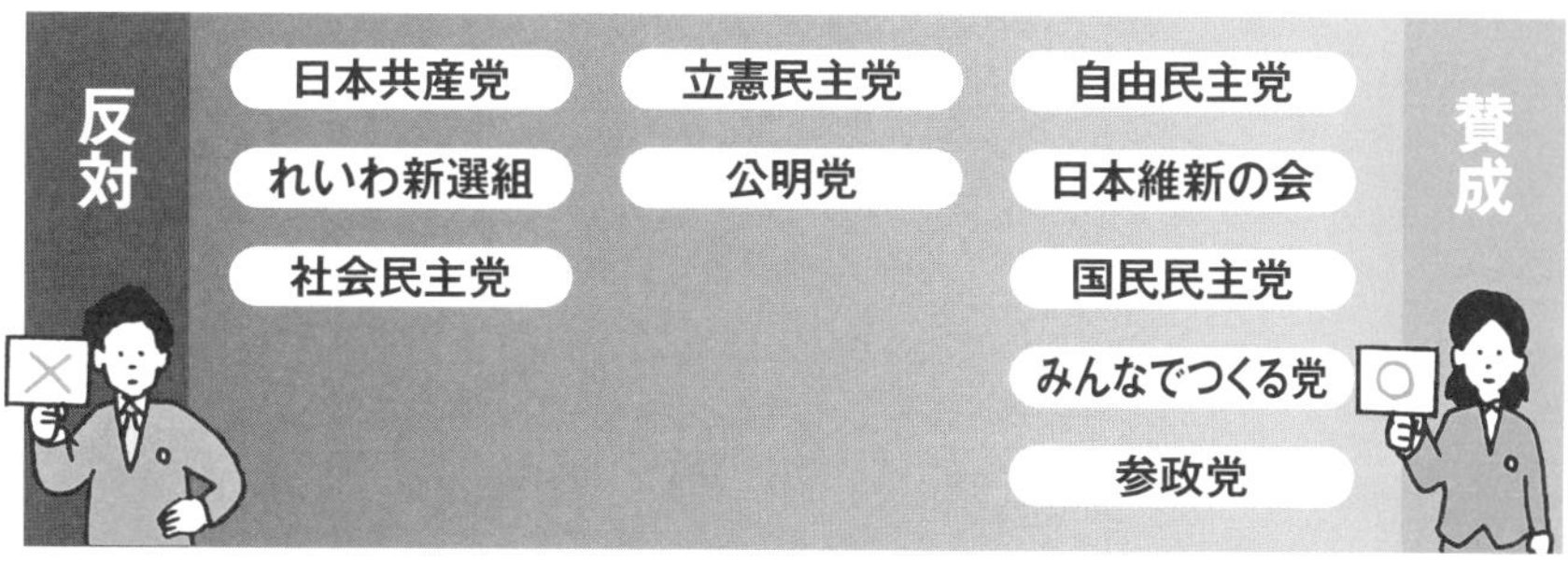

（各政党の公約などをもとに作成）

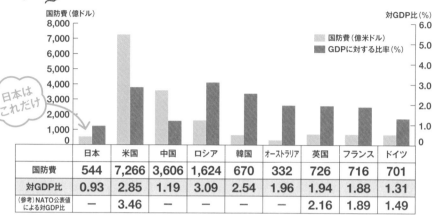

日本の総理大臣の「靖国参拝」問題は「先の戦争をどう捉えるか」問題

日本の現職の総理大臣が「靖国神社に参拝した」というと、結構大きなニュースになります。特に8月15日の「終戦の日」に参拝するかどうかに注目が集まりますね。

そもそも靖国神社とはどんな神社なのか。誰がなんのためにつくったのでしょうか。

靖国神社は、東京都千代田区の九段にあります。当初は明治天皇の命により、戊辰戦争で天皇の側に立って戦った「官軍」の戦死者をまつる目的でつくられました。

戊辰戦争とは明治維新の前（１８６８年）、新しい国をつくろうとした新政府軍と、現行の幕府を守ろうとした旧幕府側（徳川幕府側）との間で戦われ、最終的に新政府軍が勝った事実上の内戦です。でも明治維新の立役者である西郷隆盛は、ここにはまつられていません。維新後、反乱軍を率い、新政府を倒そうと西南戦争（１８７７年）を起こしたため「賊軍」扱いのままなんですね。その後は、日清戦争や日露戦争、太平洋戦争などで、**「お国のため」に戦って亡くなった人たちを神様（英霊）としてまつる**ようになりました。

この靖国神社が問題になるとき、真っ先に挙げられるのが現役総理大臣の参拝であり、問題点として指摘されるのが、**「A級戦犯が合祀されている」**ことです。A級戦犯とはなにか。

太平洋戦争で日本が無条件降伏したのち、アメリカやイギリスを中心とする連合軍は極東国際軍事裁判（別名：東京裁判）を通じて日本の戦争責任を追及しました。そのとき、日本の戦争犯罪者は、A級「平和に対する罪」、B級「通常の戦争犯罪」、C級「人道に対する罪」の3種類に分けて裁かれることになりました。

A級戦犯のうち東条英機をはじめ、戦争で指揮をとっていた軍の重要人物たち14人中、7人が死刑となりました。靖国神社は、昭和53年（1978年）になって、このA級戦犯も戦死者としました。

ある意味、当然ともいえるのですが、戦時中、日本軍によってひどい目に遭わされた中国や韓国から強い批判の声が出ました。

「総理大臣がA級戦犯を〝神様〟としてまつっている神社に参拝するということは、先の戦争を正当化するということか」「過去の軍国主義を美化するのか」と、参拝が強く批判されるようになったのです。

国内でも、賛否両論が噴出します。「日本が戦争でアジア諸国の人々に対して多大な苦痛を与えたのは確か。波風をたてないように、参拝しなければいいじゃないか」という意見もあれば、「いやいや、首相はA級戦犯のためだけに参拝しているのではない。祖国のためと戦場に赴いて命を落とした人たちに国家の代表として哀悼の意を捧げるのは礼儀。これは外国に干渉されることじゃないんだ」という意見もあります。

太平洋戦争を、「欧米からアジアを解放するための戦いだった」と主張する人もいますね。

しかし、先の戦争は明らかに「侵略戦争」としての性質を有していました。そしてＡ級戦犯だけではなく、心ならずも戦場へ向かった兵士も侵略戦争に加担したことは事実です。相手の国からすると、戦犯の区分を問わず、自分たちの国にズカズカと侵略してきて虐殺などを行った許しがたい存在です。その記憶はそう簡単には消えないでしょう。遺族など日本の国民が靖国神社を参拝することはさておくとして、**首相の参拝は、かつて侵略に加担した軍人の行為を、「国として追認した」と認識されてもそれほどおかしくない。**

安倍晋三元首相は、「いつまで謝罪し続けなければいけないのか」というようなことを言っていました。でも、これはちょっとおかしい。**「いつまで」を決めるのが誰であるべきかといえば、加害側ではなく被害を被った人たちの総意を前提に決めること**ではないでしょうか。

ところで、同じ敗戦国であるドイツと日本の戦後の歩みはまるで違います。**ドイツは、「ドイツ人全員が負う責任だ」と、前の世代が行ったことの非を認め、今も謝罪を続けています。**敗戦から40年となる１９８５年8月5日、当時のワイツゼッカー大統領が連邦議会で行った演説での言葉は有名です。「過去に目を閉ざす者は、現在にも盲目になる」。

ドイツは戦後、ナチス（ヒトラー）についての批判的な歴史教育を徹底的に行ってきました。ナチスを肯定する言動は今でも法律違反です。表現の自由よりもホロコーストを肯定しないことを重視しているといえます。補償のあり方もそうです。日本の戦後賠償は国家賠償に限定し、請求権を放棄することを原則にしてなされましたが、ドイツは個人補償を含めて徹底的に向き合いました。これは言うまでもなく、第2次世界大戦からの復興の大きな足かせとなりました。しかしそれでも、こうやって徹底的に取り組むことで周囲の国との関係を修復してきたのです。

ちなみに昭和天皇は、戦後、数年おきに靖国神社に自ら参拝されましたが、1975年11月21日を最後に、その後は親拝を停止しました。A級戦犯の合祀を不快に思われてのこととされています。平成の天皇も在位中、一度も親拝されていません。

首相や閣僚が、「私人としての参拝」などと言いながら、靖国神社を参拝するのはどうなのでしょうか。 とりわけ小泉純一郎元首相は、中国や韓国からの批判がある中、靖国神社への公式参拝を強行し強い摩擦を生みました。でも、これは本人の覚悟と信念が明らかでまだマシです。要は、周辺国からの反発は明らかでも正々堂々と足を運び、選挙等で洗礼を受ければよいわけですから。

ところが今も超党派の「みんなで靖国神社へ参拝する国会議員の会」が、春と秋の例大祭と8月15日の終戦の日に参拝しているようですが、ゾロゾロと集団で行くなんて恥ずかしくないのでしょうか。信念があるなら小泉氏のように1人でも堂々と行くべきでしょうし、そうじゃなければ行かなければいい。どちらでもない、今の形は問題解決にもつながらず、ただ固定支持層に向けたファンサービスみたいなものにすぎないように見えます。「みんなで行けばこわくない」のでしょうか？　だとすれば、随分腰が定まらないように感じます。

Nishida's memo

超党派　政党の枠組みを超えて、共通の目的のために協力し合うこと。超党派の議員連盟や、超党派の勉強会などがある。

“理想”を取るか、“現実”を取るか、それが問題だ
震災後はじめて賛否が逆転した「原発問題」

日本は資源に乏しい国です。ほとんど輸入に頼っていますから、これまで日本政府はエネルギーを安く、かつ安定的に供給するため、「エネルギーミックス」といって、石油、石炭、原子力、水力、太陽光など、いろいろな電源をバランスよく組み合わせて活用するという方針をとっていました。２０１０年度の原子力発電による発電量は、全体の約25％でした。

ところがその翌年の２０１１年3月、東日本大震災により、福島第一原子力発電所の事故が発生します。**世論は大きく「脱原発」に傾きました。**

もともと原発は定期検査のため、年に1回は停止します。事故後は検査後、再稼働せず、そのまま運転を停止し、２０１４年度には稼働する原発はゼロになりました。その穴を埋めたのが火力発電でした（近年の発電に占める原発の割合は４～７％程度です）。

でもご存知のように、**世界の流れは「脱炭素」です。「これ以上、地球温暖化を進めないために、二酸化炭素などの温室効果ガスを出すのを止めよう！」**というわけです。

自動車だって、ガソリン車から電気自動車（ＥＶ）への転換が進んでいますよね。だから今どき発電に石炭や石油を使うのは「悪」であり、遅れた国のレッテルを貼られるのです。いく

ら日本の最新の火力発電所は、「世界最高水準の環境負荷の少ない発電所なので…」と言っても、それだけでは受け入れてもらえません。議論のイニシアチブは欧州と中国が握っているからです（ただし、ここに来て欧州が内燃機関搭載自動車の新車販売年限を先延ばししています。自動車移動がポピュラーなのに、充電設備が不十分で、航続距離も短い完全ＥＶというあり方の非現実性とリスクに気づき始めたからですね…）。

日本政府としても歩調を合わせ、**「2050年には、温室効果ガスの排出を実質ゼロにする」**という国家目標を掲げています。そこでＣＯ$_2$を出さない原発は、目標実現のためには不可欠であり、政府は順次、原発を再稼働する方針です。

産業界はもちろん、原発再稼働に大賛成です。エネルギーが安い方が、工場を動かしたりするのに経済的な負担が小さいですから。むしろ再稼働だけでは不十分で、古くなった原発を潰して建て替える「リプレース」や、ほかの場所に新たに建てる「新増設」を求めていました。今ある原発は老朽化しているので、遅かれ早かれ「廃炉」になります。再稼働だけではやがて日本が、「原発ゼロ国」になってしまうこともあり、建て替えや新増設が不可欠というわけです。

そうした産業界の要望も汲みつつ、**とりあえず政府は控えめに、「安全性が確認された原発については再稼働していく」という方針**を出しました。原子力規制委員会が新しい規制基準に基づいて審査を行って、合格した原発から再稼働させていく。現状、リプレース（建て替え）や新増設にまで踏み込みにくいのは、もちろん世論の反発が大きいからです。

ちなみに原発反対派の意見をざっとまとめると、「フクシマを忘れたのか！　日本は地震大国なので原発を持つのに向いていない」「使用ずみ核燃料（放射性廃棄物）の最終処分場がまだ決まっていない。ゴミを未来の人に押し付けるのか」「日本海側にいっぱい原発があるのに、北朝鮮からミサイル攻撃されたらおしまいじゃないか！」といったものが代表的でしょうか。

しかし、ロシアによるウクライナ侵攻でエネルギー価格が上がり、「電気代が高騰する」というニュースが流れると、「原発再稼働やむなし」といったムードになっていきました。「今がチャンス！」と思ったかどうかは知りませんが、政府は一気に「原発60年超運転」法まで成立させてしまいました。原発の運転は「原則40年、それ以降は厳しい審査をしたうえでギリギリ最長60年」だったのに、停止期間は運転年数の算定から除外できるなんて言い出したのです。でも、60年超の老朽化した原発を動かすって、怖くないですか？

ちなみにぼくは、**原発再稼働には賛成です。リプレース、新増設も同様**です。何十年も前の技術でつくった原発を使い続けるより、**せっかくこの間、技術革新が進んでいるのだから新しい技術で安全なものをつくった方がいい**と思うからです。車だって10年前、20年前のものと今の車では全然、性能が違いますからね。

この問題は、リスクをどう捉えるか。どのリスクを重要視するかによって立場が変わります。確かに、原発がテロに遭うリスクはゼロとはいえません。でも実際に原発テロが起きたことはこれまで一度もないですし、ミサイルも撃ち込まれたことはありません。自然災害は起こり得ますが、これらは中長期で評価すべきリスクです。ただし、過去のリスク評価がいい加減だったり、信憑性が乏しい点は問題です。

対して、**電気代高騰というのは「明日の生活リスク」**です。直ちに命には直結しないかもしれませんが、しわ寄せは可処分所得が少ない人に集中します。負担が大きくなっても声も上げにくいし、気づかれにくいでしょう。

総合的に考えて、**今の日本で電気の安価で安定的な供給は重要**です。賛否が分かれるのは理解できますが、ぼくは短期のリスクを重視する立場、つまり**リーズナブルで安定的な電源として、原発はやむを得ない**という立場をとります。

各政党や政治家も理由とともに、立場をはっきりさせてほしいと思うんですが、どうでしょうか。エネルギー政策だけに限らないんですけどね。みなさんはどう考えますか？

発電の組み合わせの目標

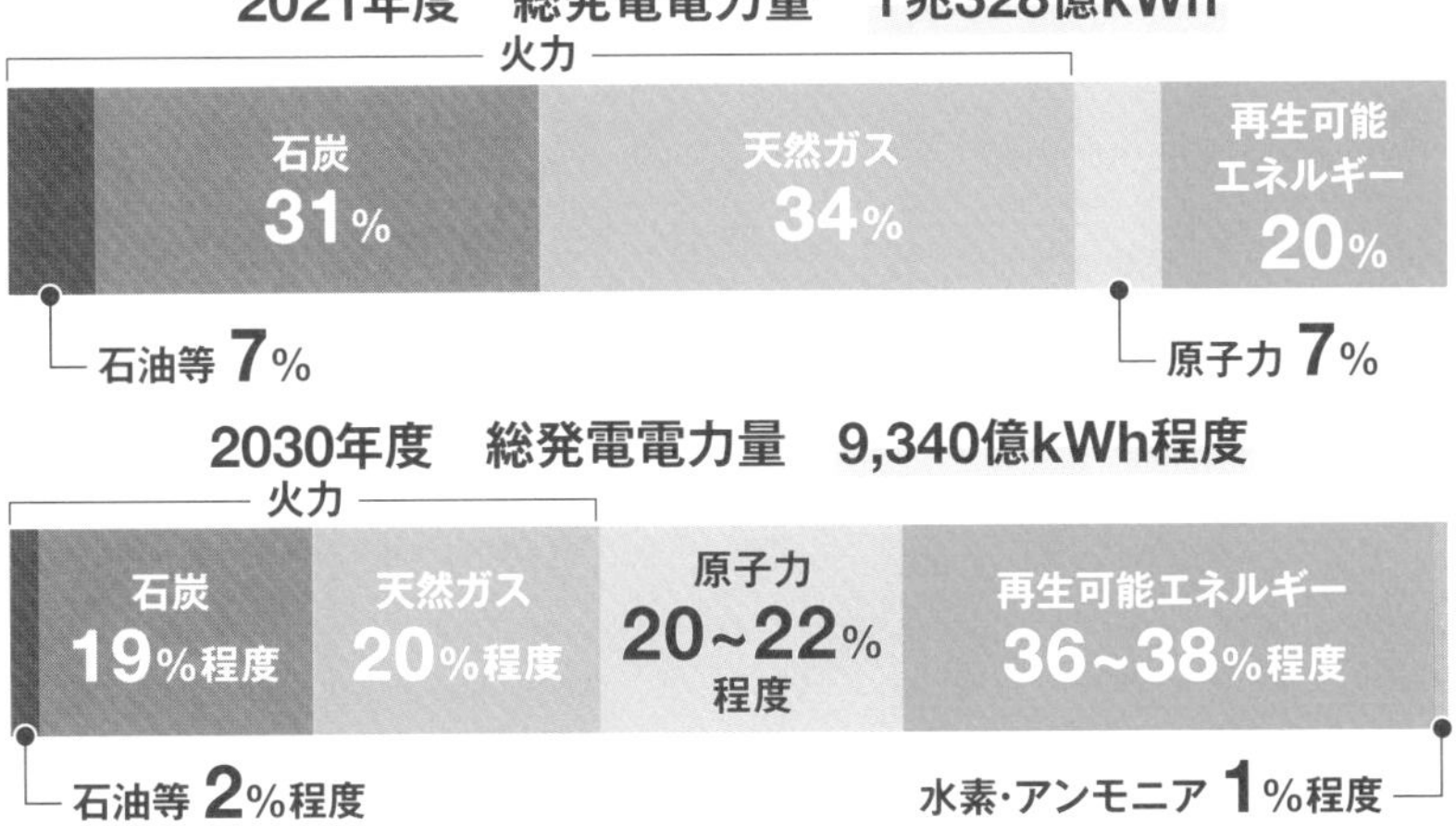

※四捨五入の関係上、合計が100%にならない場合があります。
※再生可能エネルギー…水力、太陽光、風力、バイオマス、地熱
（経済産業省資源エネルギー庁「マンガでわかる 電気はあってあたりまえ?〈発電方法の組み合わせって?〉」をもとに作成）

Nishida's memo
可処分所得　給与などの所得から、税金や社会保険料などを引いた（処分した）、個人が自由に使える「手取り金額」のこと。

日本は多額の借金を抱えているから消費税増税を素直に受け入れる人が「増」

CHAPTER1でもお示しした通り、政府はこれまで大企業の要望に応えて法人税率を引き下げてきたのに対し、消費税に関しては1989年に3%だった税率を1997年に5%、2014年に8%、2019年には10%と段階的に引き上げてきました。

その結果どうなったかというと、**日本の税収の3本柱のうち、所得税収は変動が激しく、法人税収はほぼ一貫して右肩下がり、消費税収だけが物凄く増えています。**

法人税収や所得税収は、景気が悪化すれば大きく減る可能性がありますが、人間は景気が悪くても生活を維持するために一定の消費をしなければなりませんから、**消費税の税収は景気に左右されにくい。**これは、**国にとってはたいへんなメリットです。**

消費税を1%引き上げると、だいたい2兆円の税収増が見込めます。目下のところ防衛関連の予算も必要ですし、定額減税に少子化対策も異次元でやると言っているのですから、**国としては消費税を上げたくてしょうがない**でしょうね。

過去、日本の政治家にとって消費税増税は「鬼門」でした。過去に消費税を上げると発言しただけではなく、それに近いことを口にした政権も軒並み支持率が低下し、ことごとく選挙で

Nishida's memo
定額減税　文字通り、支払う税額から定額を控除する制度。2024年6月から国民1人につき4万円ずつ還元される予定。

負けてきました。ところが安倍政権は2回も増税したものの、その後も選挙に勝利。政治的に「結構、大丈夫」という感触を持つようになっているかもしれません。

実際のところ、世論調査をやってみると、最近は消費税増税にさえ賛成する人が増えているのです。日本が多額の借金を抱えているから「増税しないとまずいんじゃないの？　こんな莫大な借金を返していけるの？」と、財政破綻を心配しているのでしょう。

日本は、医療費など社会保障関係費の増大に伴い、「収入と支出のバランス」を示すプライマリーバランスが赤字続きです。少し前まで毎年100兆円を超える支出をまかなう税収が60兆円程度しかなく、足りない分は借金（赤字国債を出して）でまかなってきました。その結果、借金が積み上がり、ついに**国の借金総額は1200兆円超のレベルに。先進国中最悪**です。

ただし、この借金を返していくことを重視するのなら、とりあえず「入ってくるお金」が「出ていくお金」を上回る状態にしなければなりません。つまり「プライマリーバランスの均衡と黒字化」です。政府は2026年度の黒字化を目標として掲げています。現実的でしょうか…。

それはさておき、そのためのお金をどこからひねり出すのか。財政を再建させることを優先すべきと考える「財政再建派」は、消費税増税しかないと考えています。与党のみならず、野党（立憲民主党）も消費税率を引き上げて税収を増やそうとずっと言ってきました。ただコロ

Nishida's memo
赤字国債　日本の財政の赤字を補てんするために発行される国債。「国債を買う」ということは「国にお金を貸す」ということ。

ナ禍や最近の物価高をふまえて、野党各党は「消費税を減税すべき」と言い出しましたが…。「とりあえずは国債を発行すればいいじゃん」派もいますね。今の日本の財政状況は決して危機的ではないという評価をする人たちです。

実は、ぼくもそちらに近い認識です。なぜかというと、日本は債権国だからです。しかも世界一の。日本は対外資産をたくさん持っているのです。家計でいえば、ローンもあるけれど海外に資産も持っている状態。円安のもとでは円建てで評価する海外資産の価値も高くなります。国債も主に国内で消費され、家計貯蓄も多いため、直近の破綻を心配する必要はなさそうです。欧州の付加価値税に相当する消費税の税率も低く、将来のポテンシャルも十分です。

加えて、**景気がよくないときに増税をするのはタブー**です。消費税を上げた後、消費が落ち込むのは過去のデータを見ても明らかです。消費者の消費マインドが冷え込んでいるときに消費税率を引き上げると財布のヒモはさらに堅くなり、景気に冷や水を浴びせることになります。

消費者に好ましい〝痛みが生じにくいのは「上げ潮」と呼ばれるマクロ経済政策です。ゆるやかな経済成長とインフレが持続するような政策です。物価上昇をやや上回るくらいの賃上げが続くと、借金をしても借金の額面は変わりませんからおトクですよね。昭和の高度成長期がそれでした。ここでいう借金は民間企業にとっては投資ということになります。

家計とは違って「国には寿命がない」と考えますから、超長期間をかけてプライマリーバランスが黒字になっていけば、いつしか返済が終わると考えるわけです。

将来的に消費税増税が必要になるかもしれません。ただ**順番からいったら法人税の税率を上げる方が先**でしょう。比較的公平感を持って適切に徴税するために、所得税の累進課税の刻みはもっと細かかった昔の方がよいのではないでしょうか。

いずれにせよ、**幅広く生活者の負担を増やすのは最後にすべき**です。

近年の日本ではこちらの負担が重くなるばかりで、優遇されているのに全然景気もよくならず、賃上げも限定的な**大企業社会にはもっと批判的な目を向けるべき**です。

消費税引き下げの各政党の立ち位置

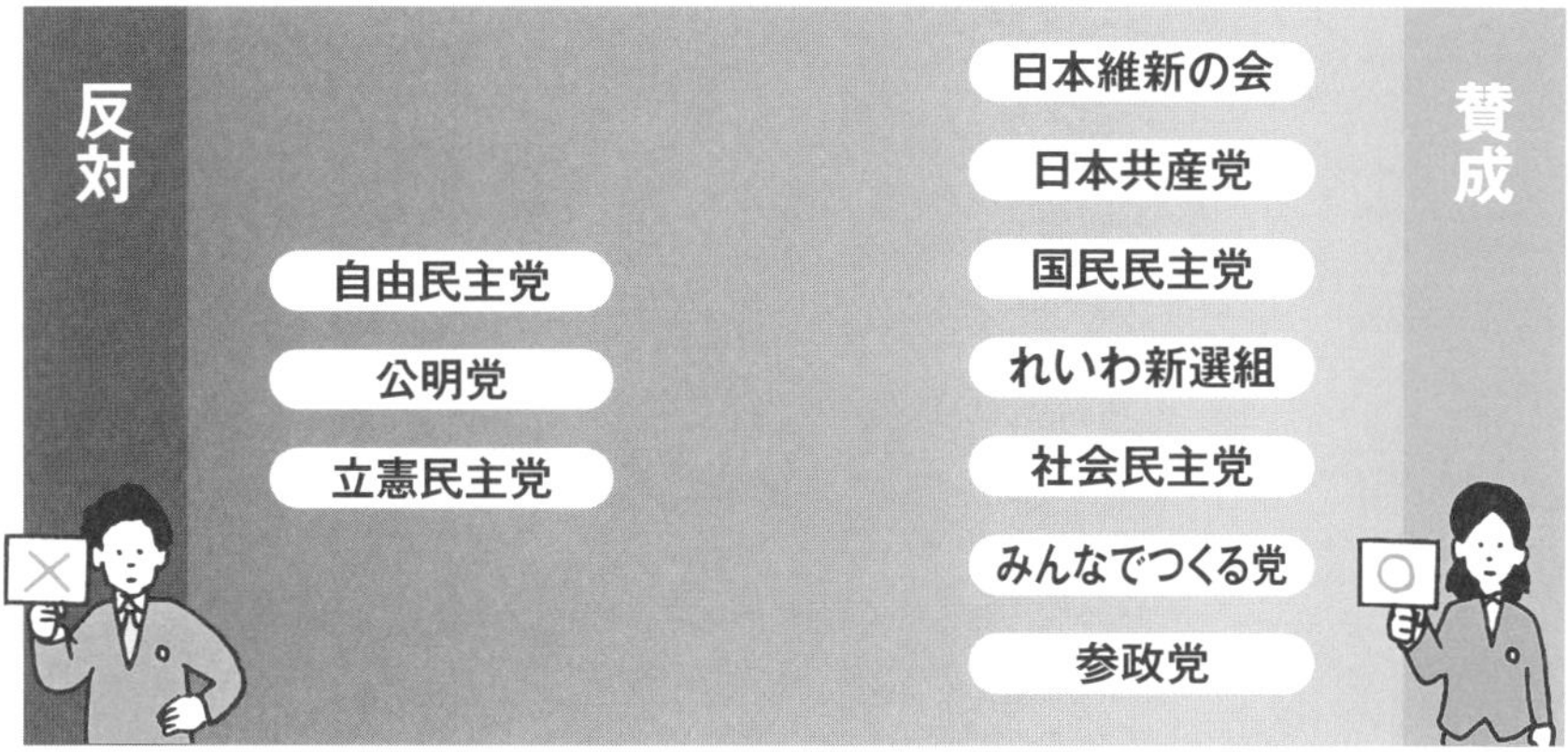

（各政党の公約などをもとに作成）

日本の正社員は恵まれすぎている？　解雇規制緩和が日本復活のカギというが

日本は、バブル崩壊以降30年間ほとんど給料が上がっていません。**賃金が上がらないのは、日本ならではの事情もある**のです。現金給与総額は均すと名目も実質もほぼ横ばいです。

日本の場合、**解雇規制が厳しくて基本的に「働かない50代オジサン」や「使えないポンコツ社員」をいつまでもクビにできません。**でも、それもそんなに悪いこととはいえません。ぼくもそうですが、そんなにみなさんは優秀なんでしょうか。もしそうだとしても、ほとんどの人はせいぜい小さいスケールの話であって、なんとか慎ましく生きているのではないでしょうか。

ある程度、年齢が上がれば、また年長の読者のみなさんには理解いただけると思いますが、若い間はさておき、人間はそんなに長い間競争に耐えられませんし、スキルの改善にも限界があります。おかげで失業率は低いのですが、その反面、生産性が上がらなくてもしっかりコストはかかり、社員の給料も上がらないという現実がありました。

アメリカなどは、州にもよりますが雇用者に従業員を解雇する権利があります。景気が悪くなると簡単に従業員のクビを切る。もちろん年功序列なんてシステムもなく、能力主義、実力主義。それを表す「メリトクラシー」という言葉、最近よく聞きますね。

どちらがいいかは難しい問題です。

Nishida's memo

3つの過剰　90年代には雇用、設備、債務の3つの過剰が不景気の原因とみなされ、その削減が経済的課題だと考えられた。

1990年代頃から雇用と設備、債務の「3つの過剰」といわれ、特に、日本企業の生産性、競争力のなさは、社員の生産性の低さが問題だといわれてきました。その人たちに企業都合で出て行ってもらうための**解雇規制の緩和が日本復活のカギ**だというわけです。

経団連は日経連の時代から一貫して「解雇規制を緩和すべきだ」と主張してきました。なお経団連の報告書を見ると、緩和に先行してショックが起きるだろうという見立てを正直に記しています。

やはり、企業社会は声が大きいですからね。解雇規制緩和も、昔は反対派が多かったのですが、最近は賛成派がどんどん増えていっているように感じます。

でも、**今の日本はフリーランスなんてまだまだ少数派**です。パートタイムも含めてどこかで雇われている労働者が全有業者（就業者）の約9割にのぼります。その人たちのほとんどはメンバーシップ雇用で働いていて、ポストに対して専門性や能力で雇用されているジョブ型での就業ではありません。「起業の時代」「フリーランスの時代」などという勇ましいオピニオンリーダーの主張もよく見かけますが、少なくともデータでいえばそんな時代はまったく訪れていないというほかありません。

一般に人件費と家賃が2大コストなので、企業は圧縮したい。特に高齢者で高給取りなのにあまり役に立っていない管理職のクビを切ることができれば、企業的には収支が改善します。余計なコストが浮けばそれを研究開発投資に回せる。イノベーションが起きるかもしれません。

Nishida's memo メンバーシップ雇用 終身雇用と年功序列を前提とした、高度成長期の日本型雇用。欧米は「ジョブ型雇用」が中心。

しかしよく考えてみてください。解雇規制が今より厳格で非正規雇用も認められていなかった昭和の時代の方が日本企業は強かったわけです。

生産性が低いのは労働者の問題ではなく、企業の問題ではないでしょうか。企業がきちんと給料を上げてこなかったから、労働者の生産性が低くなったんじゃないかとも考えられるわけです。それから人的資本への改善や投資を怠ってきたこともあるでしょう。日本の社会人は先進国中で自己投資や勉強に割く時間が少ないことが知られています。

ぼくの考えでは、**政府が経済社会、企業社会を甘やかしてきたツケ**です。企業の声と影響力が大きいから法人税率を引き下げ、さまざまな補助金を出し、株については日銀と日本年金機構で引き受ける。だからどんどん弱くなっていく。企業努力を怠ったのではないでしょうか。

実際に解雇規制が緩和されるとどうなるか。労働者がバンバン、クビを切られるようになり、ポータブルで汎用的なスキルを持っていない多くの労働者は再就職ができなくなるでしょう。だから最近、政府は「働く人の学び直し（リスキリング）」の必要性を盛んに訴えているのでしょうが、結局、弱いところにしわ寄せがいくだけでしょう。

ただし「金銭解雇」については議論の余地があるかもしれません。金銭解雇とは、一定の金額、たとえば年収分とかを金銭補償してもらうことで退職を受け入れるという制度で、言ってみれば、解雇の問題をお金で解決する方法です。

これも、単に金銭解雇を認めると、企業都合の解雇が横行するような気がするので、たとえば年収の5年分とか、厳しめの条件をつけた設計が望ましいと思います。5年分にあまりはっきりした根拠はないのですが、1年分だと生活が成り立たないでしょう。5年分あれば学校へ通ったり、資格を取り直したりすることも可能です。イメージとしては、現状の早期退職制度をもう少し低い年次の人にも適用できるような仕組みです。**企業都合であっても、労働者に不利益の影響が少ないような枠組み**をつくれるかもしれません。

まったく別の世界観で参考になるのが、北欧の例です。企業にはどんどん競争させて、負けて潰れても仕方がないと考えます。でも労働者は徹底的に守る。スウェーデンでは、Saabオートモービルという国を代表する自動車企業が2009年に経営破たんしました。もともと航空機メーカーで、最後は米GM傘下にあった自動車も有名でした（ぼくも昔乗っていました）。スウェーデンみたいな小さな国だとそれこそ基幹産業だったのですが、国は救済しなかったのです。オランダ企業に売却され、後にブランドも消滅します。

ある意味、すごいですよね。アメリカですら、リーマン・ショックでアメリカを代表するGMが潰れかけたときには公金を投入して救済したからです。

Saabオートモービルの倒産でどうしたか。失業者がたくさん出ますよね。すると国でこの人たちを雇うかたちにして、今でいうリスキリングをして順次、スウェーデンでもう1つ有力な自動車企業のボルボや次の成長産業に移行してもらうことにしたのです。固定観念を壊せば、こんな世界観もあるわけですね。

日本の場合、なにはともあれもっと「政策の幅」を広げることが大事かもしれません。

自民党の保守派が大反対したLGBT法案
選択的夫婦別姓も遅々として進まない日本

2023年6月、性的少数者への不当な差別をなくそうという、LGBT理解増進法（LGBT法）が成立しました。もともと、日本も早く法整備をした方がいいと考える議員たちは、東京2020オリンピック・パラリンピックまでに「差別禁止法」を成立させようとしていたんですね。オリンピック憲章には、「性的指向を含む、いかなる種類の差別も禁止する」ことが掲げられていて、**日本以外の主要7カ国（G7）にはすでに、性的マイノリティに対する差別を具体的に禁止する法律がある**からです。「アメリカには法律がない」という声がありますが、アメリカの場合は判例によって実質的に差別が禁止されています。

しかし、自民党内保守派から「まだ差別禁止法は早い。まずはLGBTに対する理解を増進してからだ」といった反発が強く法案は押し戻され、また保守色が強い安倍晋三氏が首相だったこともあり、議論は停滞していました。

国際社会の批判を受ける中、なんとかお茶を濁して、「理解増進法」として広島で開かれるG7サミットまでに成立を目指そうとしましたが、それも頓挫。G7広島サミットの首脳コミュニケ（首脳宣言）の日本語仮訳には「多様性」という言葉が33カ所も出てきます。今回、岸田文雄首相のもとで、やっと成立に至ったわけです。

この法律を後押しした自民党の稲田朋美衆議院議員などは、党内外の保守派から「裏切り者」扱いされる始末。「ジェンダー法案なんて、保守政党だと主張する自民党のやることじゃない！」と、一部の保守層が自民党を見放したといわれています。

LGBTに関しては、世論調査を見てもかなり認知度が高まってきましたね。念のため説明しておくと、L＝レズビアン（女性の同性愛者）、G＝ゲイ（男性の同性愛者）、B＝バイセクシュアル（男性も女性も愛せる両性愛者）、T＝トランスジェンダー（身体の性別と自身が認識している性が異なる人）の頭文字をつなげたものです。そして、より深い理解が必要になってくるのが「T」。トランスジェンダーには、男性として生まれたけれど女性として生きる「トランス女性」と、その逆の「トランス男性」がいて保守派が問題視するのは、前者なのです。

こんな法案が通れば、〝自称〟トランス女性（女装をした痴漢目的の男性）が、女子トイレや女子更衣室、女湯を利用できるようになり、女性が性犯罪に遭うことになるのではないか。またトランス女性はいくら「心は女性」といっても身体的には男性なわけですから、女子のスポーツ競技に参加すれば上位に入る可能性が高く、スポーツにおいて公平性が保たれないのではないかということが懸念されています。従来の規範と規制は維持され、これらは杞憂ですがネットには不安の声があふれています。

さっそくトイレに関しては、東京・新宿にオープンした東急歌舞伎町タワーの「ジェンダーレストイレ」が問題になりました（現在は廃止）。一部フロアに女性専用のトイレがないのです。

Nishida's memo ジェンダー 生物学的な性別（sex）でない、社会的につくられた男女の性差。語源はラテン語のgenus。

「ジェンダーレストイレ」として男性専用トイレと、「誰でもトイレ・多目的トイレ」しか設置されていない。女性は釈然としませんよね。**マイノリティへの差別はあってはならないけれど、マジョリティの権利も配慮すべき**です。新宿の例でいえば、従来の女性用トイレだけをなくして区分を変えるというのは不利益変更にあたります。

理解増進法の成立を理由の1つに言及しながら、戸籍上の性別の取り扱いを変更できる性同一性障害特例法における生殖腺除去か機能不全の要件に関して、手術等の過剰な身体的負担等を強いることから憲法違反とする最高裁判決も出ました。

これから先、同性婚の法制化も議論されるようになるでしょう。**G7のうち同性婚を認めていない国は日本だけ**ですが、当然、自民党の保守系グループは反対しています。

そんなわけで、**日本では選択的夫婦別姓制度もまだ実現に至っていません。**

現在の日本の法律（民法）では、結婚すると夫か妻かどちらかの姓に統一する必要があり、現状では、結婚したら9割以上が男性の姓に統一しています。当然、姓を変えた場合のさまざまな負担は女性にかかってくることになります。

「夫婦が別の姓でもいい」と合意できる場合には、別姓を認めてもいいんじゃないか。あくまで〝選択的〟ですから、別姓にしたい人は別姓にしていいし、一緒にしたい人はこれまで通り夫の姓、または妻の姓を自由に選んでいいという制度が選択的夫婦別姓です。つまり、選択肢が増えるだけ。なにか問題ありますかね。

若い世代を中心に、最近は肯定的な意見が増えているのですが、主要政党では自民党だけが明確に反対を示しています。「女性を活躍させたい」と言いながら、妨げになっているのは明らかです。

反対する理由は、「日本の伝統的な家族制度を壊すから」。1つの苗字でくくられて一体になるのが家族であり、子どもの立場はどうなるんだ、混乱するんじゃないかというわけです。

しかし、世界が先行している中で、特に顕著な混乱も認められないので、やはり日本でも問題ないのではないでしょうか。

でも、普通の人が苗字を持ったのは近代のことですからね。江戸時代でも農民や町民は姓を名乗ることができませんでした。「夫婦同姓の歴史」なるものは、そもそも長くないのです。

法改正は国会でしか行うことはできませんから、政治が変わらない限り、この問題は解決できないのです。その意味を改めて考えてみるべきです。

法整備されるのはいつ…？

安倍晋三元首相の国葬への賛否「国葬」と「国葬儀」の違いってナニ？

2022年7月8日、安倍元首相が奈良市で参院選の応援演説中に銃撃され亡くなりました。とてもショッキングな出来事でしたね。岸田文雄首相はいち早く閣議決定で、「国葬」の実施を決めました。閣議決定ですから、内閣の一存で決定したのです。

「国会で議論すべきでは？」といった反発もありました。その他、安倍元首相の国葬にはどんな問題点があったのか。論点を整理してみましょう。

まずは開催の是非です。国葬をやるべきか否か。

国葬に批判的な立場の人は、「法的な根拠がない」と主張しました。

そもそも**「国葬」というのは、戦前、天皇が「天皇に尽くした者」に対して下賜するお葬式**です。たとえば、伊藤博文など首相経験者のほか、太平洋戦争で戦死した山本五十六の葬儀も国葬で執り行われました。

でも戦後の日本は国民主権です。大日本帝国憲法（明治憲法）を廃止して、日本国憲法をつくった。今の日本国憲法には、天皇制の時代の「国葬令」のような具体的な法律が存在しないのです。**天皇陛下の葬儀は「大喪の礼」と呼びますが、これだけが現在、事実上の国葬**です。

したがって、そもそもほぼ同時に執り行われたイギリスのエリザベス女王の国葬と異なり、「安

Nishida's memo

閣議決定　内閣総理大臣と国務大臣（閣僚）による会議だけで意思決定がなされること。法律に違反しない範囲内で行われる。

倍元首相の国葬」なるものは法的には行われていないのです。

日本で行われたのは内閣府設置法上の儀式なんですね。なので**政府は一貫して「国葬儀」と呼び、国葬と区別しています。**なんだか不思議ですね。一文字違いで、実務家や専門家にも十分理解されていない節がありますが、重要な違いです。

歴史を紐解くと、吉田茂元首相はその功績の大きさから例外的に1967年に国葬儀が実施されました。しかし沖縄の本土復帰を果たし、ノーベル平和賞を受賞した佐藤栄作元首相は「国民葬」でしたし、その後の首相経験者は通常、「内閣・自民党合同葬儀」となっています。

安倍元首相は、戦後2例目の国葬儀の対象となりました。

主な戦後元首相の葬儀の名称

元首相	葬儀の名称
吉田 茂	国葬儀
佐藤栄作	国民葬
岸 信介	内閣・自民党合同葬儀
三木武夫	衆議院・内閣合同葬儀
福田赳夫	内閣・自民党合同葬儀
中曽根康弘	内閣・自民党合同葬儀
安倍晋三	国葬儀

Nishida's memo

内閣府設置法　内閣府の設置、および内閣府の任務や、どの組織がその事務を担当するのかなどを定めた法律。

内閣府設置法に、国の儀式を内閣府が担当できると定められています。吉田元首相の国葬儀も閣議決定で行っているので、そこについては先例を踏襲したともいえるわけです。
ぼくは国葬儀の開催は理解できるが、通例通りの合同葬の方が国民が弔意を表明しやすい環境だったと考えています。なお、ぼくは2022年に内閣府と衆議院の議院運営委員会のヒアリングをそれぞれに受けてこの旨、述べています（内閣府の専門家ヒアリングについてはネット上で公開されています）。

「賛成派」の筆頭はもちろん自民党の安倍派でした。安倍氏は戦後の日本で最も長く首相を務め（8年8カ月）、内政・外交で大きな実績を残したというのが理由です。さらに、安倍氏は「自民党のために亡くなった」という見方もできなくはないですよね。もともと長野に応援演説に行く予定が急遽変更となり、前日に奈良での自民党候補の応援が決まったわけですから。
安倍氏の死亡が報じられると、海外からも次々と哀悼の意が寄せられ、国葬儀開催ムードが高まりました。

ところがその後、風向きが変わります。安倍氏と世界平和統一家庭連合（旧統一教会）との関係が明るみに出て、反対の世論がどんどん高まっていったのです。これは政権と自民党にとっては誤算だったのではないでしょうか。

旧統一教会については、霊感商法がかつて社会問題になりました。霊感商法とは、「祟りがある」などと不安を煽って高額な壺や印鑑といった霊感グッズを買わせる手法です。これはもはや、反社会的な宗教団体を指す「カルト」ではないのか。**保守を名乗る政治家と韓国の反日カルト教団が癒着していたとすれば悪い冗談そのもの**です。

結局、**岸田首相は自民党の最大派閥である安倍派への配慮から国葬儀を決めたということに尽きる**でしょう。吉田元首相の国葬儀の後も、「個人崇拝ではないか」など、いろいろな批判が出たのですが、国葬儀については慎重に検討されなければいけないということは、今後も引き継がれていくはずです。むしろ**世論の反対が起き、内閣支持率も下がったことが歴史に刻まれたので、開催のハードルは上がったと考えるべき**です。

さらに、ぼくが気になったのは、東京都港区の増上寺で営まれた安倍氏の個人葬です。家族葬の形式でしたが、この家族葬に陸上自衛隊の儀仗《ぎじょう》隊が派遣されたのです。自衛隊法には、自衛隊は防衛大臣の命令で出動できるという規定があります。

内閣府の国葬儀事務局としては、「自衛隊の出動に関しては、国葬儀とは関係がないので内閣府では関知しない」との見解でした。

でも、私的な家族葬に自衛隊が参列して哀悼の意を示す姿は、多くの人に「国が弔意を表明している」ように見えますよね。映像などで見ればなおさらです。これはやはり国民に多くの疑念をもたらしかねないし、個人崇拝的です。みなさんはどう考えますか？

そうだったのか！「政教分離」みんな誤解しているホントの意味

2022年の安倍晋三元首相の銃撃事件以降、自民党と宗教団体「世界平和統一家庭連合（旧統一教会）」の関係が取りざたされ、「政教分離」の問題がクローズアップされました。

関係していたのは自民党だけではありません。旧統一教会は、大阪維新の会や国民民主党、立憲民主党にまで浸透していたとされています。

さて、ここでみなさんに質問です。**なぜ政党が旧統一教会の支援を受けてはいけないのでしょうか？** 旧統一教会はちょっと特殊かもしれませんね。過去に霊感商法などの社会問題を起こしていて、単なるキリスト教系の宗教団体とはいえないという指摘はあるでしょう。でも、これは宗教団体だからアウトなのではなくて、反社会的勢力だからダメということです。

では、公明党が創価学会の支援を受けているのは？　旧統一教会はアウトだけれど、創価学会はどうなんでしょうか。いわゆる、「政教分離の原則が守られていない」と考える人は、旧統一教会よりも、創価学会を念頭に置いているような気がします。どうでしょうね。

ちなみに、「公明党と創価学会は、現在は別組織だ」と両者は説明します。

日本で政教分離の原則というと、「政治は宗教に関わってはいけないし、また宗教も政治に関わってはいけない」と、捉えている人が多い印象です。

でも、**日本国憲法で定めるところの「政教分離」とは、「統治機構（政府）が、特定の宗教を排除、弾圧したり、逆に優遇したりもしない」**ということです。

国民に多様な信仰を持つ人がいるのはある意味、自由主義社会において当然のことなので、その代表が信仰を持つこともあるし、宗教団体が政党を支持することもほかの利益団体と同様にありえるのも当然ということです。そうでないと、特定の信仰を持っている人は政治活動や選挙活動の権利を行使できないことになりかねないですよね。宗教団体が政治的活動をすることはもちろん、国会議員や大臣が特定の信仰を持っていても問題ありませんし、その告白を強制されるべきでもないでしょう。**案外デリケートな問題**なんです。

日本だけがそうかというと、もちろんそんなことはありません。むしろキリスト教が広く普及したヨーロッパでは、当たり前のように宗教政党が存在しています。ドイツでは「キリスト教民主同盟」と、「キリスト教社会同盟」、2つの政党が堂々と党名に「キリスト教」を掲げています。オランダにも「キリスト教民主アピール」という党があります。**世界には、政教一致の国も多くあり、イギリスのような国教を持つ国もあります。**

歴史を紐解いても戦前・戦中の日本は、「天皇を中心とした神の国」でした。天皇が神格化され、政府は天皇を神と崇める「国家神道」を〝事実上の日本の宗教〟として、国民に押しつけました。太平洋戦争中、特攻隊が「天皇陛下バンザイ」「大日本帝国バンザイ」などと叫んで敵軍に突撃していった歴史があります。

また特高警察（天皇制に反対する思想を取り締まることを専門にした秘密警察）が、それ以外の宗教、たとえばキリスト教や新興宗教などを、国家神道に反するという理由で徹底的に弾圧しました。創価学会も弾圧されました。国家神道への従属を受け入れなかった創価学会の初代会長である牧口常三郎氏は拘置所に入れられ、釈放されることなく獄死しています。

戦後はＧＨＱによって「神道指令」が発され、国家神道は廃止されました。同時に、宗教を警察が弾圧してはならない。宗教法人の自由な活動を認めようということになりました。**日本は過去の歴史を教訓に、日本国憲法で政教分離をうたっている**のです。

とはいっても、サリン事件を引き起こしたオウム真理教は「真理党」という政党をつくっていました。宗教法人が政治団体をつくるのはまったく問題がないといえるのか。１９９０年の第39回衆議院議員総選挙には信徒25人が立候補し、全員が落選しましたが、彼らは国家転覆計画を企てていたといわれています。

そのオウム真理教にさえ破壊活動防止法に基づく解散命令は見送られました。破防法の解散命令では宗教法人としての優遇を受けられなくなるだけの宗教法人法の解散命令より厳しく、団体としての活動も認められなくなります。ある意味、後出しで、そもそもオウム真理教を念頭に団体規制法という法律がつくられ、こちらが適用されることになりました。同法でも、法の目的に「たとえばサリンを使用するなど」と例示することで、適用対象を事実上オウム真理教に厳しく制限する慎重なものでした。

理論的には、宗教団体は地方のコミュニティや職能団体、労働組合と並ぶ、どちらかといえば生活者に近い利益団体のはずなんです。日本では信仰を持つ人が必ずしも多くないことから、そのことが意識されないままに、特殊事例として旧統一教会などの事例が目立っているという問題があります。**本来重要なことは、多様な信仰を持つ人、それから信仰を持たない人も自由で、同じように権利行使可能な状態にあることであり、また社会がそのような共生のプラットフォームになっていること**です。

日本では正面切って、多くの人がこうした問題を考える機会が少ないですが、グローバル化や在日外国人の増加に伴って、問題の重要性は増しています。

日本の政教分離の考え方

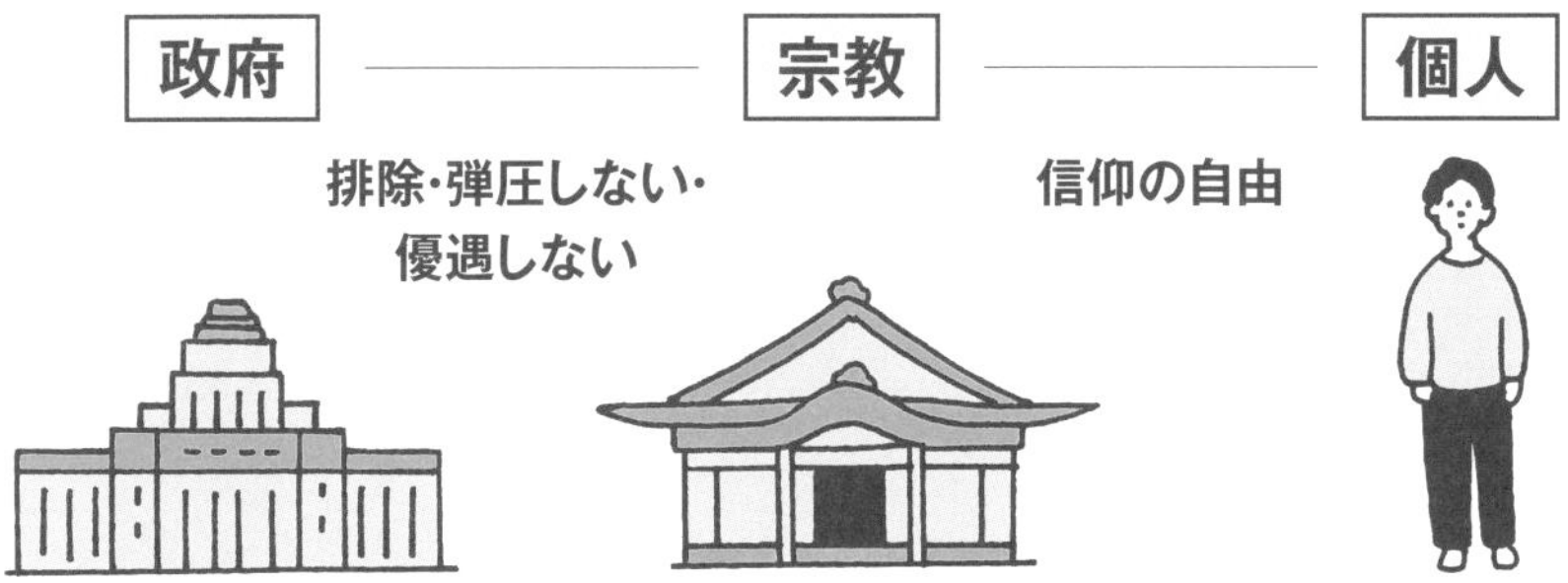

Nishida's memo
職能団体 専門的な資格や特殊技能を持つ職業の人たちが形成する利益団体。弁護士会や医師会などがある。

CHAPTER 4 IKEGAMI'S EYE

池上は、こう読んだ

この章では、今日本が抱える諸問題と、それにどう対応するかを取り上げています。日本で「防衛費」と呼ぶお金は、海外では「軍事費」と呼ばれます。日本は「専守防衛」の方針で来ましたから、防衛のお金であって戦争のための軍事費ではないという建前です。では、「防衛」のためのお金はどれくらいがいいのか。大きな課題で難問です。

原子力発電所の再稼働は、認めるべきかどうか。意見が分かれますが、西田先生は認める立場です。ここで考えるべきは、「リスクとはなにか」です。過去には「原発の再稼働に反対」と言って反対派の支持を集めて県知事に当選した途端、再稼働を認める方針を打ち出した政治家もいます。原発をどうするか、方便ではない判断が必要なのですね。

LGBTや選択的夫婦別姓をめぐり、国民世論と自民党保守派の考え方の違いが明確になりました。政党の主張に賛成か反対か、まさに次の選挙で国民が判断すべきテーマです。ちなみにアメリカ共和党でLGBTを否定していた議員の娘がレズビアンであることをカミングアウトしたら、議員が考え方を変えた例もあります。

CHAPTER

5

見られていると緊張感が生まれる

政治の監視で国は変わる

政治への意識ができると、
暮らしへの影響を考えるようになります。
今の政治を変えたいなら、ときどきでも見る。
その第一歩をぜひ踏み出して。

― POLITICS ―

投票所へ行くことだけが政治参加ではない「政治ぎらい」な人へ〝西田流〟アドバイス

「投票してもなにも変わらない」「自分の1票なんて関係ない」「政治なんて助けてくれない」と、多くの人が政治に背を向けています。

諦めている人や、面倒くさいし、ついでに言えば胡散臭い政治と無関係でありたいと思う人が増えているのでしょう。辟易する気持ちはよくわかります。

政治について理解しようとしたり、関心を持つのは誰がどう考えても、個々人にとってみればコスト高です。時間を奪われるし、考えるのも面倒。だから「どうでもいいや」と思うのもムリはありません。ただ**好むと好まざるとに拘わらず、経済、ビジネス、教育、税金等々、われわれの社会と政治は深く結びついています。**誰も関心を持たず、まったくチェックされないとすれば、あなたが政治家ならどうでしょう。最高ですよね！　やりたい放題できてしまいます。なんだか、すでにちょっとそんな節がないでもない。

そんな政治家に嫌気がさし、ますます無関心を決め込むと、さらに世の中が無茶苦茶になる。日本社会は今そんな負のループに陥っているように感じます。

政権が変わっても主張する政策が変わっても、投票率はじめ、その他の政治参加や政治的関心についての指標は低調です。政治的諦念や諦観をデフォルトと見るべきにも思えてきます。「政治参加すべき」というのは、まあその通りなんですけど、かといってどの程度のコストを払って政治をチェックしていくべきなんでしょうか。われわれの社会にはその相場観がどうも形成されていません。でも、もうちょっと監視したり参加したりしないと、さすがに今の状態はよくないような気がします。わりと冷笑的で、皮肉屋のぼくでさえそう思うのです。

ぼくのリクエストはシンプルに1つ。**「政治は自分たちの生活に関係がある」という事実を認識すること。**もうほとんどこの1点です。イチオシしたい政党もあまりありません。それ以外は正解がなにか、ぼくにもよくわかりません。たぶん、ほかの専門家も実はよくわかっていないと思います。でも、これなくしては始まりません。自分の利益と無関係だと錯覚してしまっていると、これは関わる合理的理由が生まれないからです。この点はなんとか認識を修正してほしい。あなたが好むと好まざるとに拘わらず政治はあなたの生活と深く関係し、ビジネスや社会活動に大きな影響を与え、放置すると、その分野と深く関係する企業や業界団体の声が大きくなります。

ダメ押しに、2つ目は、**関係があるとわかったら、ときどき見る。**選挙とは、いわば贔屓の政治家や政党に、今風に言えば「推しメン（推しているメンバー）」に1票を投じる行為です。選挙に行かない、行く気がしないのは贔屓の党とか、「推し」がいないからでしょう。

推しがいれば、台風が来ようが大雪が降ろうが、なにがあっても選挙に行くものです。勝たせたいから選挙に行く。勝たせたい人がいない、推しがいない人にとっては、選挙は面倒なだけですから、そもそも選挙に対するモチベーションが天と地ほども違います。
ちなみに業界団体や宗教団体などでは支援する人が決まっています。推しが決まっている人は絶対選挙に行きます。だから、2010年代以降の低投票率の選挙で、めちゃくちゃ強いわけです。この人たちにとっては、投票率はむしろ低い方がよいに決まっています。

推しをつくるには政策だけじゃなくて、**もう少し人間的な側面の報道もほしいところ**です。昔は政局報道などといってドロドロの政治の人間模様が新聞でも紙面が割かれたものですが、最近はスマートではないとか政策に関心を向けるべきとか、もしかすると記者さんの働き方改革でそんなところまで追えなくなっているのか、かなり減少した印象です。余談でいえば、**人間としての政治家を知るうえでも政局報道も大事**です。たぶん。

「推し」がいないという人は、最初から、絶対この政党とか政治家に投票すると決めない方がいいです。最初は小難しい政策に限らず、**人柄や雰囲気や気分、第六感などなにで判断しても十分**です。

ただ、政党も政治家もとにかくウソつきか、若い人についていえばみんながみんないい人そうな人ばかりですから、**選挙が終わってもときどき見る。**衆院の小選挙区では10万票くらいは当選に必要なので、10万人くらいはファンがいるほどに、どの政治家も魅力的な印象を与える技術に長けています。キャリアが長い人ほどそうです。あなたが投票した政治家はあなたと約束したように振る舞っているでしょうか。

すると「あれ？　前に言っていることと今言っていることが違うぞ」とか、「ずーーーっとできもしないことを主張しているな」と気づくことができるはずです。

与野党を問わず、できもしないことを言い続けていたり、言っていることがコロコロ変わる朝令暮改的な政党や政治家は信用できないですね。そう思えば、推しを降りればいいのです。乗り換え自由です。たとえば「身を切る」などと言いながら全然身を切っていなかったら、そういうところには投票しない。

まず推しをつくる。ときどき推しを見に行く。ダメそうなら乗り換える。この繰り返しができるとすれば、このご時世まずは十分すぎるほどです。

ときどき見ることが大事

「白票でもいいから投じろ」と言うけれど投票率アップに投票の義務化は有効か

日本はあまりに投票率が低いので、この際、「投票を義務化した方がよいのでは？」といった議論もあります。**世界には「権利」的性質の強い選挙制度と、「義務」的性質の強い選挙制度があって、**海外では、投票を義務にしている国もあります。

たとえば1924年に投票の義務化を導入したオーストラリアでは、国政選挙の投票率が90%を超えるといいます。正当な理由がないのに棄権をすれば、20〜50豪ドルの罰金を払わなければならない仕組みです。オーストラリアのほかにも、義務投票制を採用する国で棄権すると罰金を払わされる国はベルギーやスイス、ルクセンブルク、エジプトなどがあります。ブラジルやペルーは部分的な義務制で、義務の年齢の上限があったりします。ボリビアは罰金を課したうえで、罰金を払わないと銀行取引やパスポートの発行ができなくなります。

シンガポールは罰金ではなく、公民権（立候補したり投票したりする権利）が剥奪されます。再登録をすると公民権が復活するので、軽微な罰則といえます。

日本の場合、主要な法学の学説は権利義務二元説と権利一元説があり、ちょっと難しいのですが、両者の差は小さいとされ実質的にはさしあたり選挙に行くのは「権利」と思ってもらって結構です。権利を行使するかしないかは個人の自由。投票を義務化すると低投票率は打開できるのでしょうが、個人的には「それがいいともいえない」という意見です。なぜなら、投票

Nishida's memo

権利を行使する　権利を持つ人が、実際にその権利を使うこと。日本は投票をする権利を行使しない人が多い。

に行かないと罰金を取られるのであれば行くのは当たり前で、行ったところでテキトーに投票すると思いませんか？

罰則がイヤで投票率が上がるけど、テキトーに投票された可能性がある政治家と、制限はないけれど得票率が低く、本当に有権者の代表といえるのかよくわからない政治家を比べて、現状が後者だとしても、前者の方がよいとは簡単にはいえませんよね。

むしろ、現状の制度でできることがないのか、それが当の政治や行政が放置しているのではないかということもよく考えてみるべきです。

「棄権をするなら白票でもいいから投じろ」と言う人もいますが、ぼくはこちらもそうは思いません。**白票を投じても単に無意味**だからです。**白票は数に入らず、投票率を上げることにもなりません。**わざわざ足を運ぶなら誰かに投じればいいし、**本当に投票したい人がいないなら行かなければいい。**白票より低投票率の方がよっぽど危機感がわくのではないでしょうか。

義務投票制を採用している主な国

（文部科学省「主権者教育推進会議（第18回）配布資料〈主な投票義務制採用国〉」などをもとに作成）

インターネット投票の導入はやめておいた方がよいワケ

若者の政治参加をうながすためには「ネット投票の実現が急務だ」といった意見もあります。

しかしネット投票を導入し、なおかつ現在の日本のこれまでの選挙制度や選挙管理行政と辻褄を合わせるのはとても難しいのです。辻褄なんて無視すればよいという声もあるかもしれません。われわれの代表を選ぶからこそ辻褄も大事なのです。**ネット投票は得られるメリットが大きくはなく、むしろリスクが多々あります**（もちろん選挙の厳密性に対する価値観そのものを変えるという選択もあります。ぼくはすぐには同意できませんが）。

どういうことか、具体的に見ていきましょう。

今の日本の選挙管理は世界的に見てとても行き届いているといわれています（ただし、時系列で比較すると事務のミスが増えていることも指摘されています）。投票所へ行ったことのある人は思い浮かべていただきたいのですが、投票日の前に自宅に送られてきた入場券を持って投票所へ行くと、まず受付で入場券を渡し、名簿と照合しますね。多重投票ができないようチェックしています。

衆議院議員総選挙の場合、投票は2回。最初の投票用紙には選びたい候補者の名前、次の用紙に選びたい政党名を記入して、それぞれ投票箱に入れます。それを投票立会人が見ています。

投票した後の投票用紙は、厳封して次の選挙まで保存されます。なにかトラブルがあったときに数え直しができるようにです。意外と厳密なんですね。

諸外国はどうなのかというと、たとえばアメリカの大統領選では、投票機のせいで票が減っただのなんだの、いろいろと疑惑が出てきて、2000年のブッシュ対ゴアのときも、2020年のトランプ対バイデンのときも、すったもんだがありました。

日本では、紙に鉛筆で書き込んで投票箱に入れる方法で、開票も不正が行われないように開票立会人が監視することにより、アナログですが高い信頼性が維持できています。

この水準を維持するとした場合、どうやってインターネット投票でも可能にするのでしょうか。かなり難しいですよね。

また、ネット投票だとこんなケースが想定できませんか？　宗教団体や利益団体が「集まってください」と有権者を集める。そして「見ていますから、この場で投票してください」と、候補者と政党にセットで1人ずつ目の前で投票させる。こうした強要とか、買収をどうやったら防ぐことができるのでしょうか。ぼくにはちょっとわかりません。

あるいはこんなケースも考えられます。認知症などで自分の意思で投票できないお年寄りに、「ぼくが押しますね」と、投票を代行します。日本は超高齢社会です。大丈夫でしょうか。**場所に縛られないネット投票は、こうした不正の温床になる可能性があります。**

特に、日本のように個人ではなく政党優位の選挙運動が展開される場合においては、至るところでこうした不正が起こりそうです。政治家にもマイナンバーカードで不正は防げるとかよくわからないことを言う人がいるのですが、マイナンバーカード云々でどうやってこのような不正を防げるんでしょうか？

それでなくても日本は、「紙の保険証を廃止して、マイナ保険証に一本化する」こともなかなか進まない国です。普通に考えて、**「ネット投票ができるようになるので、100%紙の投票を止めます」というのは、たぶんすぐにはムリ**でしょう。

新型コロナ給付金のデジタル申請の失敗や、マイナカードとマイナ保険証の顛末を思い出すだけで、極めて不安です。これ、杞憂でしょうかね。ぼくは普通にヤバいと思いますけど。するとどんな方法が考えられるでしょうか。しばらくは紙での投票とネットでの投票、どちらも可能にする必要があるでしょう。期日前投票でも紙とネット両方で投票できるとしたら、投票方法は全部で4種類になり、すべてを統合しなければならないのです。たいへんな作業です。

さらに、システムに対する不安もあります。アクセスが集中してダウンするようなことがあってはなりませんし、ハッキングの問題もあります。こうした懸念はワクチン接種行政やマイナカードの実態を目にしたし、さらにいえばもうすっかり忘れられていますが「消えた年金問題」もデータの突き合わせ問題なのですが、憂慮や過剰な心配とはいえないでしょう。

紙の投票用紙は数え直すことができますが、ハッキングされてデータがすべて消えてしまうようなことがあれば、それこそ選挙の信頼性が損なわれてしまうでしょう。

クリアしなければならない課題が多すぎて、世界でもなかなか実現しないのが実情です。

では、世界でネット投票を導入している国はないのでしょうか。

「電子国家」と称される北欧のエストニアは、２００７年から国政選挙にネット投票を導入しています。このエストニアをお手本にしようと、日本からエストニアへ視察に行ったり、エストニアの人を招いたりしていますが、エストニア方式も期日前投票のみ。当日投票は行っていません。締め切り1分前まで何度でも投票をやり直すことができるということをもって不正を防止しようというのですが、これは先ほどの日本の選挙の基準からするとゆるすぎます。もちろん、エストニアのようなあり方でよいという考え方もあります。要するに選挙という政治参加の機会を管理する価値観の変更です。でも、それはかなり大きな変更なので、よく周知したうえで議論すべきです。

このように現時点で言えることは、**今と同じ基準で選挙の厳密さを担保することは極めて難しく、リスクが高いということ**です。しかも、増えるコストは見えても、削減できるコストは見えません。ちなみに選挙行政を所掌する総務省は、実務的な検討を２０００年代で止めています。政治的には1つの流行で時折盛り上がるのですが、実務的な検討はすっかり棚上げされているのが実態です。ネット投票が実現すれば、「若者の選挙離れを阻止できるし、開票作業も効率化できる。マイナンバーカードを使えば安全」とひたすら繰り返している政治家や専門家は、勉強不足と言わざるをえません。

被選挙権年齢を18歳に引き下げよ 議員はライバルが増えることになる

「若者の投票率が低すぎる」「もっと政治に関心を持ってほしい」と思うなら、選挙に立候補できる年齢（被選挙権年齢）を18歳以上に引き下げるのは、1つの手ではないでしょうか。「賃金が上がる将来が想像できない」とか「子どもがほしいと思っても踏み切れない」といった若者世代の声を代弁できるのは、直接的にはやはり若者自身かもしれないからです。

現在、日本で選挙に立候補できる年齢は、公職選挙法で衆議院が25歳以上、参議院が30歳以上とされています。

投票できる年齢（選挙権年齢）はすでに18歳に引き下げられていますから、立候補できる年齢も投票できる年齢と同じに引き下げてはどうか。

ぼくに言わせれば、現状、立候補の年齢制限は無意味なものになっています。ざっくりと言えば、元々は「大人が政治家になるのが望ましい」ということで、投票できる年齢より高く設定されていましたし、世界的にもそういう国はそれなりに存在します。

現在の公職選挙法は、1950年に原型ができました。いってみればその頃の感覚で決まったということです。骨子は50年代から70年以上も変わっていないのです。

日本は戦後、女性に普通選挙権が認められ、沖縄が返還され沖縄の人たちに選挙権が認められ、そして最近になり投票できる年齢が18歳に引き下げられました。計3回しか変更されていません。被選挙権は特にそうです。

そんな中、2023年夏、10～20代の若者が、「現在の被選挙年齢規定は違憲だ」と主張して国を相手取り訴訟を起こしました。当事者が異議申し立てをしたわけです。おそらく負けるでしょう。でも、**誰かが異議申し立てをしないと、いつまで経っても若者の声が政治に届きやすい社会になりません。**権利の拡張には、やはり当事者が必要なのです。

ぼくだったら絶対に負けるとわかっている訴訟なんかやりたくない。それをやった能條桃子さんらのチャレンジは賞賛されるべきです。ぼくは本当に尊敬しています。

彼女は若者の投票率が80％を超えるデンマーク留学をきっかけに、若者の選挙参加を促進する「NO YOUTH NO JAPAN（若い世代なくして日本はない）」を立ち上げました。20年に一般社団法人化しましたが、ぼくも微力ながら彼女らの活動を応援したいと、クラウドファンディングに寄付をさせてもらいました。

選挙に立候補できる年齢は国によってまちまちですが、**日本の被選挙権年齢はたいへん保守的な年齢**です。

もちろん、被選挙権年齢が日本より高い国や上院の被選挙権が40歳という国もあります。

ちなみに、アメリカの大統領になれる年齢は意外と高めで35歳、イタリアの上院議員はもっと高くて40歳です。被選挙権年齢を何歳にするかは国民のコンセンサス次第。ただ、最近は投票年齢も、立候補できる年齢も引き下げる傾向が強く、欧米では16歳に引き下げようという国や運動も多くなっています。

権利を拡大するためには、「今の制度はおかしい」という声がとても大事です。誰かが声を上げない限り、法改正はなかなか行われません。でも声を上げるのはたいへんで、しんどいことです。だから、声を上げる人はえらいんです。もっとリスペクトされるべきです。日本のような社会では特に。その意味で今回、当事者世代から声が上がったことはとても重要だと考えます。

日本では、投票年齢の引き下げもそうでしたが、被選挙権の拡大についてもとても歩みが遅いからです。被選挙権年齢を拡大するということは立候補できる人を増やすということですから、現職の議員からしたらライバルが増えることになります。内心では、議員の年齢は高い方がいい、子どもみたいなヤツはならない方がいいと思っている人もいるかもしれません。当事者世代でもそうですね。

でも、国会議員は国民の代表です。なので能力試験はありません。官僚とは違うんですね。大人で構成されているはずの今の政治の世界がこのていたらくですから、もっと若者が国会にいてもいいのではないでしょうか。**どうせ投票率も低く、大人も政治に関心や知識が乏しいわけですから、別に大人と子どもを区別する合理的理由も乏しくなっていると思いませんか？**

もう1点、被選挙権年齢の引き下げには、法改正が必要なので受け皿となる政党が必要です。日本の場合、選挙制度の改正については、議員立法で変えていくことになるでしょう。

若い人が、「どこの党に投票していいかわからない」というとき、どの政党がこうした声をきちんと掬い上げるのかをチェックしてみるのもいいかもしれません。

今、まさに若い人たちが問題提起をしています。それに対して各党や政治家たちがどういった態度をとっているか。「反対」という政党には投票しないといった選択もできるでしょう。逆に、選挙制度改革に対して賛成している議員は誰なのか。そんなところに注目することから始めてみてもいいかもしれません。

主なOECD加盟国における被選挙権年齢（下院）

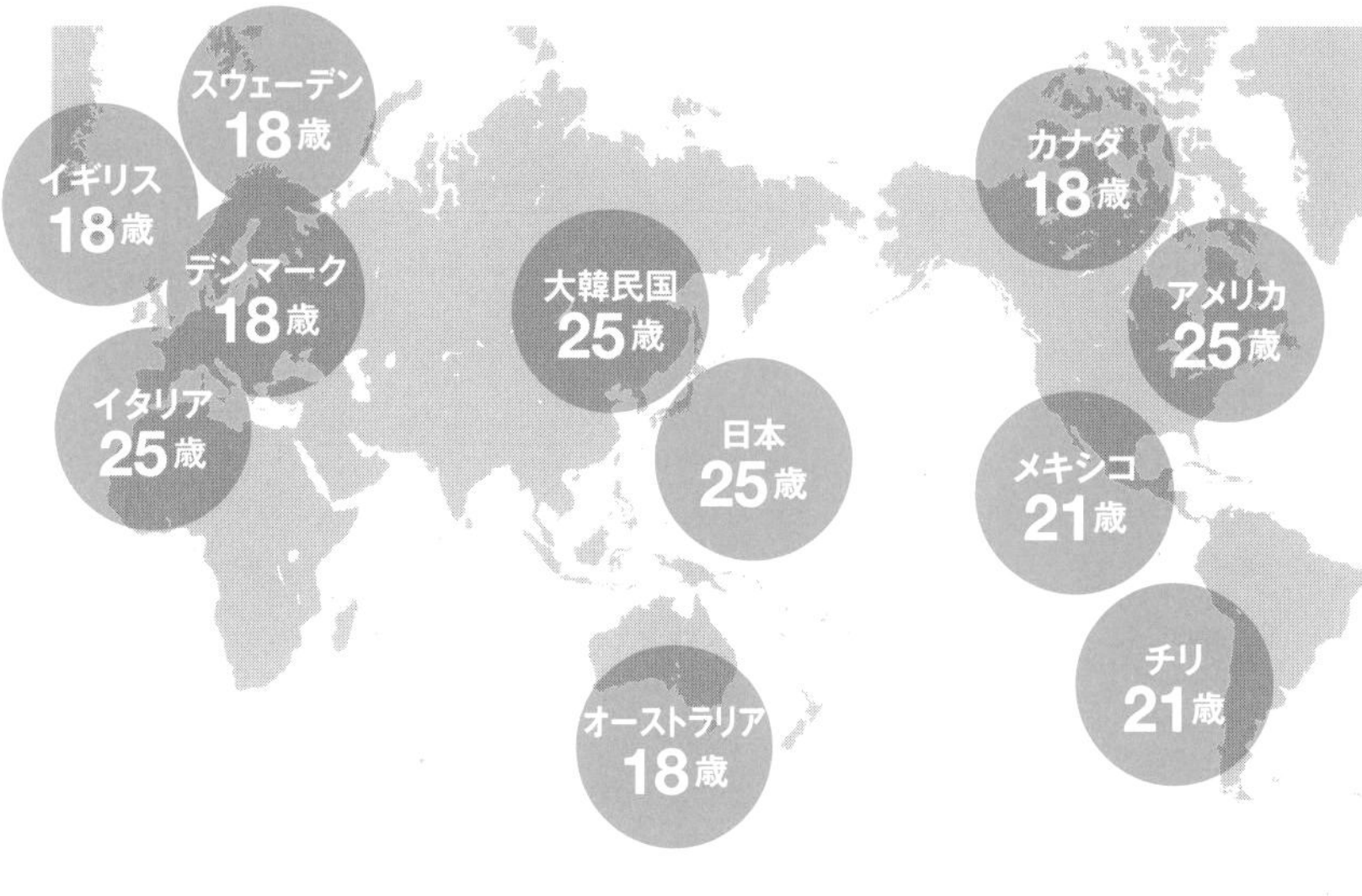

（国立国会図書館 調査及び立法考査局の刊行物 レファレンスNo.833（2020年6月）「主要国における被選挙権年齢（資料）」をもとに作成）

誰もが政治に挑戦しやすい社会へ供託金制度の見直しやクオータ制も一考を

若者の政治参加をうながすためには、立候補できる年齢制限の見直し以外にも、供託金制度の見直しも必要ではないでしょうか。

供託金とは、立候補する際に法務局に預けることが義務づけられている「エントリー代」のようなもので、他国にもないわけではないのですが、日本の供託金は世界的にも高額だといわれています。高額なのは、「売名目的の立候補とその乱立を防ぐため」いう名目です。

具体的な金額は出馬する選挙によって異なり、たとえば衆議院の小選挙区で立候補する場合は300万円、比例代表に出るなら600万円を納めなければなりません（小選挙区と比例代表で重複立候補する場合は合わせて600万円）。

法定得票数に達しない得票率の場合は、全額没収されてしまいます。

政党から候補者に選ばれ「公認」で立候補ができれば公認料として支援を受けられますが、審査があり、簡単に援助してもらえるわけではありません。

供託金は新しく政治の世界に挑戦しようと考える若い人にとっては、参入障壁となっています。そもそも今成り手不足が明確な課題になっているのに、乱立防止の施策を後生大事に守っている現状はおかしくないですかね。でも、これは与野党問わず、国、地方問わず現職職業政治家にはライバルが出て来やすくなる改革ですから、だいたいみんなゴニョゴニョした回答になりがちです。

それから日本は女性の議員の割合が10・3％と極めて少ない国です。世界各国の男女平等の度合いを表す「ジェンダーギャップ指数」（世界経済フォーラム発表）で、日本は政治（女性国会議員比率）と経済（女性管理職比率）のスコアが突出して低く、世界146カ国中125位です。

ちなみに東工大は、女子学生の理工系への進学率が低い現状を打破するため、2024年入学の学士課程入試の総合型・学校推薦型選抜に女子枠を設定しました。「それでもたった約14％？」というのが率直なところですが、政治の世界でも男性優位が続いていて是正される見込みが立っていないのなら、それこそ集中改善期間的に時限付きで各政党が協調するなどして候補者の実質的な「クオータ制」を導入してもいいのではないでしょうか。こういった与野党協調は全然起きません。

クオータと聞くと、quarterの「4分の1」と勘違いする人もいるかもしれません。これは**英語でquota「割り当て」という意味**です。ぼくも最近まですっかり勘違いしていました。

思い切って比例名簿の上位を全員女性にするとか、男女男女…と交互にするくらいでないと不均衡は是正されないでしょう。それで自然増になるかどうか。いずれにせよ、**もっと多様な人が議員になりやすくする選挙のあり方を議論すべき**です。

日本のサラリーパーソンは働きすぎ
ドイツは、週4日労働制度を検討

日本はなんだかんだいっても豊かな国です。2023年の名目国内総生産（GDP）でドイツに抜かれ、世界3位から4位に転落する見通しですが、それでも世界第4位です。

一方、国別の幸福度ランキングをみると、日本の順位はずっと低いんですね。2023年は前年より上昇したものの、137カ国中47位という結果でした。

1位はフィンランド、2位はデンマーク、3位がアイスランドと、やはり北欧の国が上位を独占しています。日本と上位の国々の差はどこにあるのか。**健康寿命や1人当たりのGDPでは上位と大差なく、「人生の選択の自由度」や「寛容さ」に課題がある**ことがわかりました。

日本人の幸福度を上げるために、ぼくは標準労働時間を週30時間にしてはどうかと考えます。

「標準労働時間」とは、標準的な1日の労働時間のことで、現在、使用者は原則として1日に8時間、1週間に40時間を超えて労働させてはいけないことになっています。

日本の場合、大学教員や士業のような裁量労働（労働時間や仕事の進め方が個人の裁量にゆだねられていて、みなし労働時間を用いる仕組み）を含め、基本的にすべてのサラリーパーソンでは労働時間と給与がひも付いています。1週40時間、1年は52週ですから40×52で、日本の正社員の総労働時間はざっと年間2000時間になります。ずっとこれが削減できずにいました。コロナ禍で若干減少しましたが、コロナが終わったことになって増加に転じています。

残業には三六協定（サブロク協定）の労働基準監督署への届け出と割増賃金の支払いが必要です。三六協定とは、労働基準法第36条に定められた労使協定で、三六協定により労働者に法定労働時間を超えて労働をさせたり休日労働をさせる場合には、企業と労働者の間で協定を結ぶ必要があるのです。

しかし働き方改革が進むとはいえ、サービス残業になってしまっているケースは未だに少なくありません。定年延長もあり、非正規社員が増えました。ただ数でいうと正規雇用労働者も増えている現状において、時給を上げ、労働時間を減らすような就業規則と俸給表の変更はどうでしょうか。かつて週休1日を週休2日にしたとき、日本の総実労働時間は大きく下がりました。言い方を変えれば、そのときから大きくは変わっていないのです。したがって、同じように週の労働時間を40時間から30時間へ10時間減らすべきというのがぼくの考えです。

現在、週5日働いているわけですから、週10時間減らすということは、1日当たりの労働時間は2時間減になります。ということは**アバウトに考えて出勤時間を1時間遅らせ、退勤時間を1時間早めるイメージ**です。

これがどんな効果をもたらすでしょうか。今や共働きが当たり前ですから、出勤時間が1時間後ろにずれれば保育園の送迎が断然ラクになるわけですね。保育園に登園する時間が早いのは出勤時間が早いからです。同時に退勤時間も早めれば、男女問わずお迎えに行きやすくなります。家族での時間も増えるでしょう。

ただし**このとき重要なのが、手取りの実質賃金は減らないようにすること**です。ざっくり総労働時間を40時間から30時間にするのですから、賃金が目減りしないようにするには時間単価を3分の4に引き上げればいいわけです。そうすれば、子育てに対する負担感もやわらぐはずです。標準労働時間を短くして、残業部分が長くなるとそこには割増賃金が発生しますから、企業としてもこれまで以上に早く仕事を終わらせてほしいということになるでしょう。

労働時間の短縮は企業にとってもコスパは高いと考えます。先の提案では、人件費の総額は現状とさほど変わらないはずですし、企業は月60時間までの残業代は25％増し、月60時間を超える残業代は50％増しで払わなければなりません。従業員の満足度や健康状態を維持するのは、企業にとってもメリットがあります。労働者を心身の限界まで働かせると、過労や心身不調で出社できなくなるケースも出て来ます。病休で稼働しなくても、企業は従業員に平均賃金の6割を支払わなければなりません（労働基準法第26条）。ただでさえ人手不足というとき、稼働できない社員が多いなんていうことは避けたいはずですよね。

ちなみにヨーロッパで、週の実際の平均労働時間が短い代表例はドイツですが、そのドイツでは「週4日労働制」（1日7時間で週4日勤務、週28時間勤務）など、さらなる短縮を求める声が高まっているようです。GDPランキングでドイツに抜かれたのは、円安の影響もありますが、それだけが原因ではなく、いろいろな課題がありそうですね。

世界幸福度ランキング（2020〜2022年の平均）

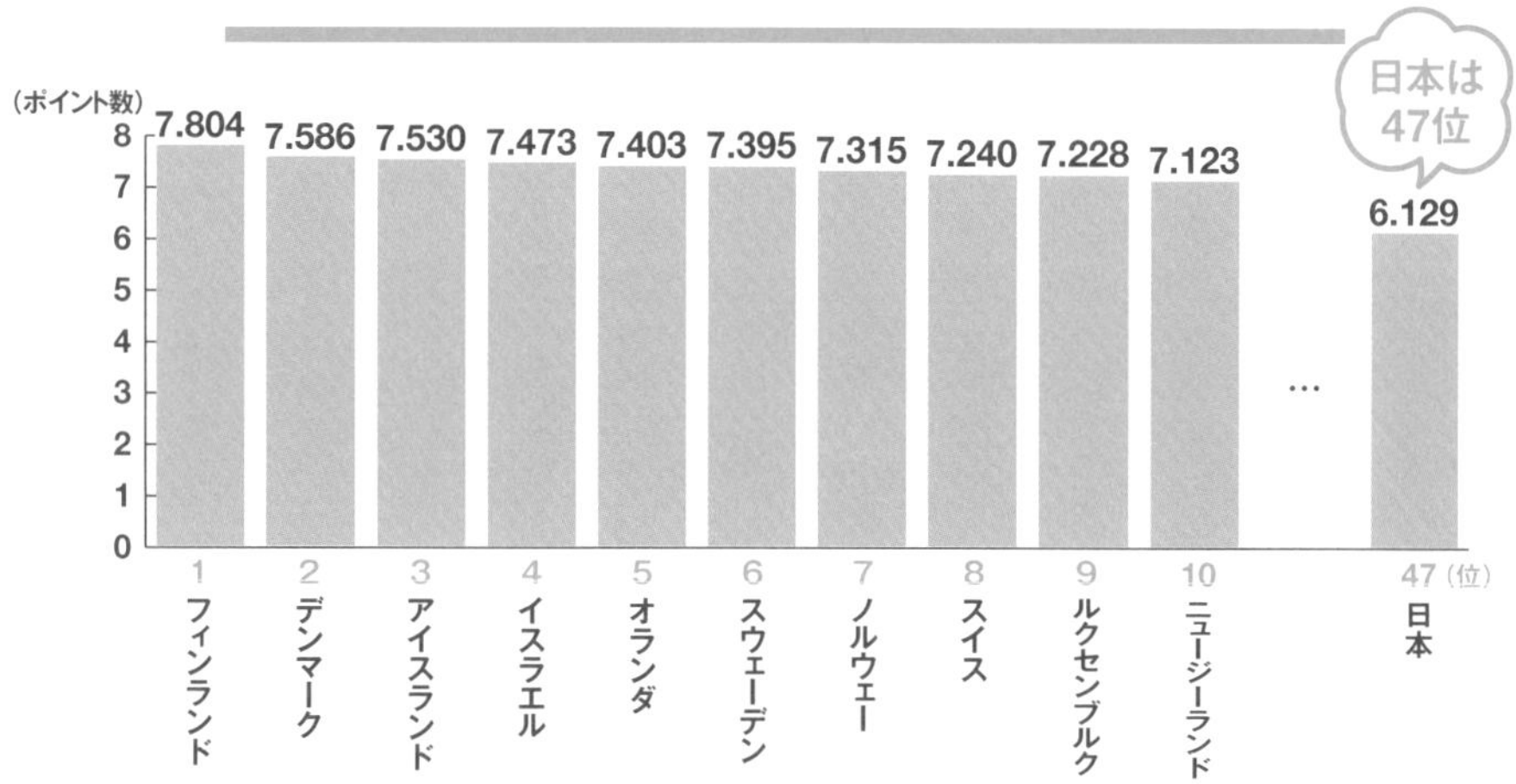

（出所）SDSN「世界幸福度報告2023」P34より第一生命経済研究所作成
※2023年報告の調査対象は137カ国。

（第一生命経済研究所「日本のウェルビーイング向上には賃上げも重要〜「世界幸福度報告」2023年版より〜〈世界幸福度ランキング（2020〜2022年の3年平均）〉」をもとに作成）

世界の労働時間

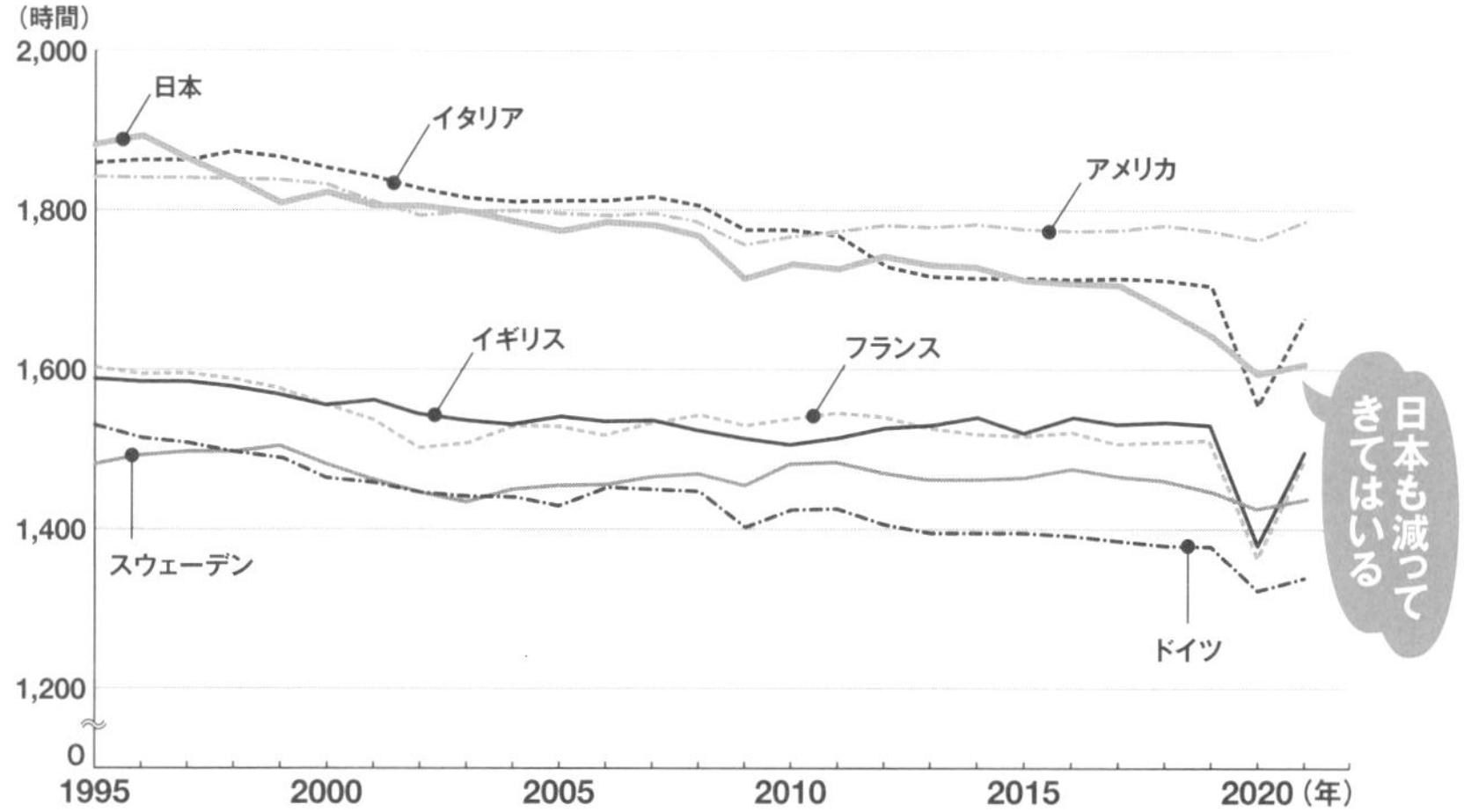

（労働政策研究・研修機構「データブック国際労働比較2023」一人当たり平均年間総実労働時間（就業者）をもとに作成）

かつての「便所の落書き」が世の中を変える？ デモ、ヤジ、ハッシュタグ・アクティビズム…

投票所へ行って投票することだけが政治参加ではありません。**政治に異議申し立てをするのも政治参加。**その手段はいろいろあります。

デモの権利は日本では事実上、相当に制限されていて、なにか特別な異議申し立てをしているように見えてしまいがちです。でも極めて標準的な異議申し立ての手段なのです。

海外では若者たちのデモが目立ちます。日本ではあまり目にしないかもしれませんが、まったくないわけではありません。２０１５年、当時の安倍政権が集団的自衛権の行使を可能にする安全保障関連法の成立を目指すと、これに反対するデモが起きました。主導したのは、学生団体「ＳＥＡＬＤｓ（シールズ）」（自由と民主主義のための学生緊急行動＝英語：Students Emergency Action for Liberal Democracy-s の略称）でした。政策的主張にはあまり同意しないのですが、同時に若い世代の異議申し立てや政治参加の声は尊重されるべきです。

日本は憲法上、「表現の自由」「集会の自由」が保障されていることから、本来デモ活動は原則認められています。しかし**実質的には道路を使用してデモを行う場合、道路交通法と都道府県の条例に基づいて事前に公安委員会（実務は警察署）に許可申請を行わなければなりません。**

この「事前届け出制」が明らかにデモを抑制する効果を持ってしまっています。そもそも異議申し立てをするのにその方法を事前に相手方に相当する警察や行政と共有するのってヘンじゃないですか？

それから警察官が「当事者の安全を確保する」という理由で警備しますが、シールズらによる反対デモのときも、過剰警備を批判する声が上がりました。

警察官は確かに警備をするためにいるわけですが、それによってデモをしている人たちは「（よくわからないけど）警察に囲まれている人たち」として見えてしまいます。日本では警察にお世話になるというのはたいてい微妙な事態のときのはずです。**「警察に囲まれて歩いている人たち」というラベリングがデモによる自由な表現を不当に妨げていることを懸念**します。日本の道路交通法の実質的な運用はよろしくない。事前届け出制はすみやかに廃止すべきです。

「表現の自由」といえば、2019年の参院選で、札幌市で応援演説中の安倍晋三首相（当時）に「安倍やめろ」とヤジを飛ばした男女が、北海道警の警察官に取り押さえられ、演説の現場から排除されるという事件がありました。

明らかに演説妨害で排除されたのでしょうが、ヤジを飛ばした女性には女性警察官が「ジュース買ってあげるから」といってヤジを制止し、その場から移動させていました。

北海道放送（HBCテレビ）が追ったドキュメンタリー映画『ヤジと民主主義』に、その様子が記録されています。妥当でしょうか？　ちなみに、日本の警察の治安維持能力は世界屈指といわれています。ソフトなアプローチを含めて、たいへん高度だからです。

しかし、**演説の場でヤジを飛ばすのは表現の自由から適切に保障されるべき**です。沖縄の辺野古で移設反対を訴えた座り込み抗議も同様です。強制排除はちょっと見るに耐えません。

政治に異議申し立てをする手段として、最近ではハッシュタグ・アクティビズムが日本でもよく見られるようになりました。Ｘ（旧ツイッター）などのＳＮＳ上で「＃（ハッシュタグ）」をつけて、人々に議論を呼びかけたりする社会運動の一種です。

記憶に残っているところでは、「＃検察庁法改正案に抗議します」で、芸能人の参加も相次ぎました。今はみんながネットを見ています。メディアもネットを見ているし、政治もネットを見ている。「ＳＮＳで話題」「ＹｏｕＴｕｂｅで話題」は往々にして統計に基づいてデザインされた世論調査と異なり、あまり根拠がありませんが、**いつの時代も「影響力は武器」**なのです。

たとえば岸田文雄首相は「増税メガネ」と呼ばれることに非常に抵抗があったようですね。その払拭のためかどうかわかりませんが、２０２３年10月末、「見直しが検討されていた退職金への課税について見送る方向で調整している」と報道がありました。

退職金課税は、勤続20年を超えると勤続1年当たりの控除額が40万円から70万円に増える仕組みです。控除額が大きくなるということは、納税者にはメリットがあります。その分、所得税、住民税の納付額が減額されたり、還付される額が大きくなるからです。

退職金への課税優遇が労働移動を阻害していると、政府は6月の骨太の方針で「見直しを行う」と明記していました。退職金の課税優遇は１つの会社で長期間働くインセンティブになります。岸田政権はリスキリングや労働力の流動化を主張していますから、この優遇を見直そうとしたわけですが、それを見送ったことになります。つまり、「見直すのを見直した」のです。

Nishida's
memo

検察庁法改正案　検察官の定年を63歳から65歳に引き上げる案。黒川弘務検事長の任期延長が目的ではないかと問題に。

なぜなんでしょうね？　日本はなんだかんだで未だに長期間1つの職場で働くサラリーパーソンが年長世代に多く、この人たちにとっては増税になりますね。

近年、日本の政治は可視化されやすい「ネットの評判」を気にしながら振る舞うようになってきました。ぼくは2020年に上梓した、『コロナ危機の社会学　感染したのはウイルスか不安か』（朝日新聞出版）という本の中で、政治がネットの声で右往左往し、「ネットの声」に耳を傾けているポーズを見せながら、自分たちにとって都合のいい振る舞いをするようになったと書きました。「ネットの声」が定量的な事実かどうかということとは別に、マスコミで「ネットで話題」などと紹介されたり、ハッシュタグを通じてある規模のまとまりになって目につきやすくなる中で、**政権の決定にも影響を及ぼすようになっているかもしれません。**

今はネットの書き込みが社会的影響力を持つようになったのです。ぼくが大学生だったつい20年前（2000年代）には、ネットの書き込みが「便所の落書き」といわれた時代ですから、隔世の感がありますね。マスメディアの影響力低下とも関係しそうです。よくも悪くも、新聞も読まず、テレビも徐々に見られなくなっていますから。

ところで、**政治家に対する電話も、政治に異議申し立てをするある意味王道の手段**でしょう。不祥事を起こした政治家や政党の事務所に「なにをしているんですか！」と電話をかける。これは正当なことです。そしてそういう政治家や政党に「投票しない」、次は別の政党に票を投じることがいちばん、効果的なんですけどね（白票では現状肯定です）。

Nishida's memo
骨太の方針　首相をトップとする「経済財政諮問会議」が毎年発表する、国の重要課題や政策の方向性を示す文書。

風向きはいきなり変わることがある「ネットで話題」とメディア報道

ニュースバリューも変わりましたね。旧ジャニーズ問題が代表的ですが、**「以前はニュースにはならないと思っていたことが、今は「ニュースになる」ということが増えました。**「ネットで話題」をマスメディアが追いかけるようになったからです。

旧ジャニーズ事務所で性虐待に近いものがあるということは、みんな薄々わかっていたはずです。放送事業者の検証番組や報告書はあまりに内容が薄くて一読すべきですが、メディア業界の人はほぼみんな知っていたでしょう。そうであるにも拘わらずこれまで社会問題とみなされなかったのは、ある種「芸能の世界では、あれが当たり前なのだろう」「当事者たちも、半分わかってやっているんだから」と、法律に抵触しているとしてもニュースバリューがないと思っていたからです。だから問題を放置したまま、放送事業者も旧ジャニーズ事務所のタレントを使い続けてきたわけです。

しかし、ずっと問題を追いかけてきた週刊文春はとにかくえらい。旧ジャニーズ事務所から訴訟を起こされたり、所属タレントを使った広告が掲載できないなど圧力がある中、粘り強く取り組んできたからです。それに対して、放送事業者の検証番組や報告書はあくまで他人事です。総じて、問題事項は多々あったが、報道はゆがんでいないという理屈になっています。

そして、これを言うと日本のメディアのみなさんはさらに怒るんですが、2023年に大きく問題視されるようになったのは、イギリスのBBCが取り上げたことで、いわば「黒船」が来たからですよね。BBCがつくった「J-POPの捕食者：秘められたスキャンダル」というタイトルのドキュメンタリーがきっかけです。

実際には、このBBCのコンテンツを見た人は多くいないと思うのですが、「BBC」という〝海外の権威〟が報じたのが大きかったということです。情けない話です。違うというなら、なぜこれまで各社は今回のような規模で報道したり、各社の取り組みを見直したりしなかったのでしょうか。

BBCは世界的に放送だけではなく、調査報道やジャーナリズムのイノベーション、DXの先駆者としてよく知られています。最近は日本語版も充実しているので、みなさんものぞいてみてください。

BBCはイギリスの公共放送ですが、フォークランド紛争のとき、BBCがイギリス軍を「わが軍」と呼ばず、「英国軍」と呼んで、国（当時のサッチャー政権）と対立したという話は有名です。**公共放送は国営放送ではありませんから、国家の意志を反映するのではなく、自国政府にすら批判的な目を向けることで、より広い国民の知る権利に応えることこそが重要**です。日本のみならず世界のメディア事業者がBBCをベンチマークにしています。

日本で紙の新聞を読む人が希少種に昔より時事問題に関する知識量が激減

多くの人が「ニュース」に触れなくなっています。新聞を取ってない人が大半ですし、若い人に関しては、テレビも見ていません。ネットニュースだって、どうでしょう。

時事問題に関する知識量、理解力とか認識が、昔と比べてどんどん少なくなっている気がします。**大人も含めて、「今、なにが起こっているか」ということについての正確な理解が進んでいない**のです。これは大きな問題です。

情報量が増えているせいもあるでしょう。24時間、365日情報が大量に流通するようになって、まさに情報の洪水の中にわれわれはいます。情報過剰や情報過多といいます。昔は情報が少なかったので、情報を増やすことこそがとにかく好ましいと考えられましたが、最近はちょっと違います。というのも、人間の認知能力はそれほど変化していないはずですから、ある**一定のキャパに対して大量の情報が送りつけられてくるようになったことで、古典的なニュース、つまり社会や公に関する問題についての報道の占める割合が減っている**のです。

さらにネットのアプリやサイトではアルゴリズムの影響で、過去に自分が見たものに関連するものがレコメンデーションされるようになっています。

たとえば、ぼくが車のニュースを読んだり、動画を見たりすると、ずっと車関係のニュースや動画が出て来ます。昔はX（旧ツイッター）などのSNSのタイムラインは時系列でしたが、クリックしたり視聴したりする広告がビジネスの源泉になっているため、時系列表示から「おすすめ」にどんどん置き換わっています。

また世界的にネットやアプリを配信するビジネスを行っている事業者とコンテンツを提供するコンテンツプロバイダーやパブリッシャーと呼ばれる事業者の間のせめぎ合いが激化し、さらに各国のメディア関係の規制が強化される中で、グローバルなプラットフォーム事業者は「ニュース離れ」を起こしていることが指摘されています。

こうして、いわゆる「ニュース」に人々が触れなくなっているのではないか。つまり、**情報量は増えているのに、きちんとニュースをキャッチできていない**のです。好きな情報がたくさん容易に入手できるのはありがたいのですが、同時にちょっと危なっかしい。

だからといって、今さら紙の新聞を読んでくださいとは言えません。漫画だって紙より電子版の方が売り上げが高くなりました。地方には書店も図書館も少なくなっています。これは世界的なトレンドであり、もう時計の針が巻き戻ることはないでしょう。それがよいとか悪いとかではない、紙が好きとか嫌いとかでもなくて、紙という媒体が死にかけているのです。ぼくが生きている間に紙の本を読む行為自体がなくなってしまうのではないでしょうか。

ならば「紙かデジタルか」ではなく、**「デジタルでどうするか」を考えるべき**なのです。

ぼく自身はメディアそれ自体も研究や仕事の対象なので、それらのために朝刊も夕刊も複数紙購読していますが、昔と違ってもう他人にすすめるには至らないですね。実際、ネットメディアの担当者や研究者も紙の新聞を読んでいない人が増えました。

日本でも150年の報道とジャーナリズムのノウハウ、知的資産を蓄積しているだけに今後も新聞社はとても重要ですが、過去10年、結局DXに本気で取り組んだのは日本経済新聞社をはじめごくわずかでした。新聞社が生き残りたければとにかくDXに集中し、また売上減を補う新規事業を開発すべきなのであって、読者が今さら紙を読むべきということはないはずなのです。

今どき「紙の新聞を読むべき」などと言っている人は復古的です。「毎日、ラジオを聞くべき」というメッセージを今どき口にする人はいないはずです。もう紙の新聞はそちらの世界に足を突っ込んでいるのです。テレビも10年遅れでほぼ同じ道を辿っているのですが。

そういう時代なので、誰かに知ってもらおうと思う情報は、ネットかテレビしかなくなりました。これはニュースバリューの変化とも関係しています。

この10年で政治もマスメディアに報じてもらう時代から、自分たちで発信する時代になりました。政治でいえば、公明党のTikTokはおもしろいですよ。「山口那津男突撃インタビュー」なんかがあって、「公明党じゃなければ応援するのに、という意見がありますが…」などと、政党の代表にムチャぶりする投稿動画が大ウケしています。

目的別利用メディア

いち早く世の中のできごとや動きを知りたいとき

早く知るにはネット!

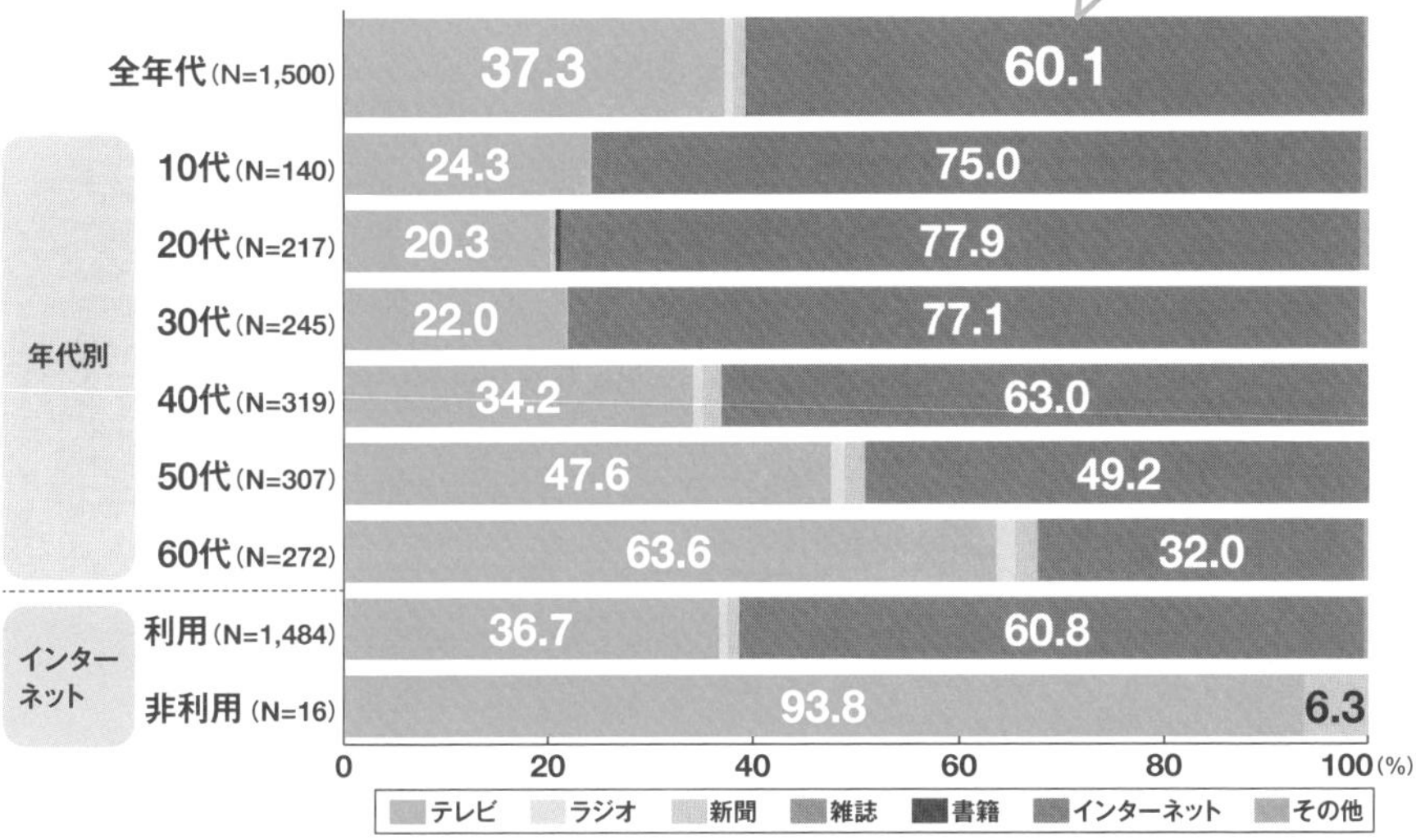

世の中のできごとや動きについて信頼できる情報を得たいとき

信頼できるのはテレビと新聞も

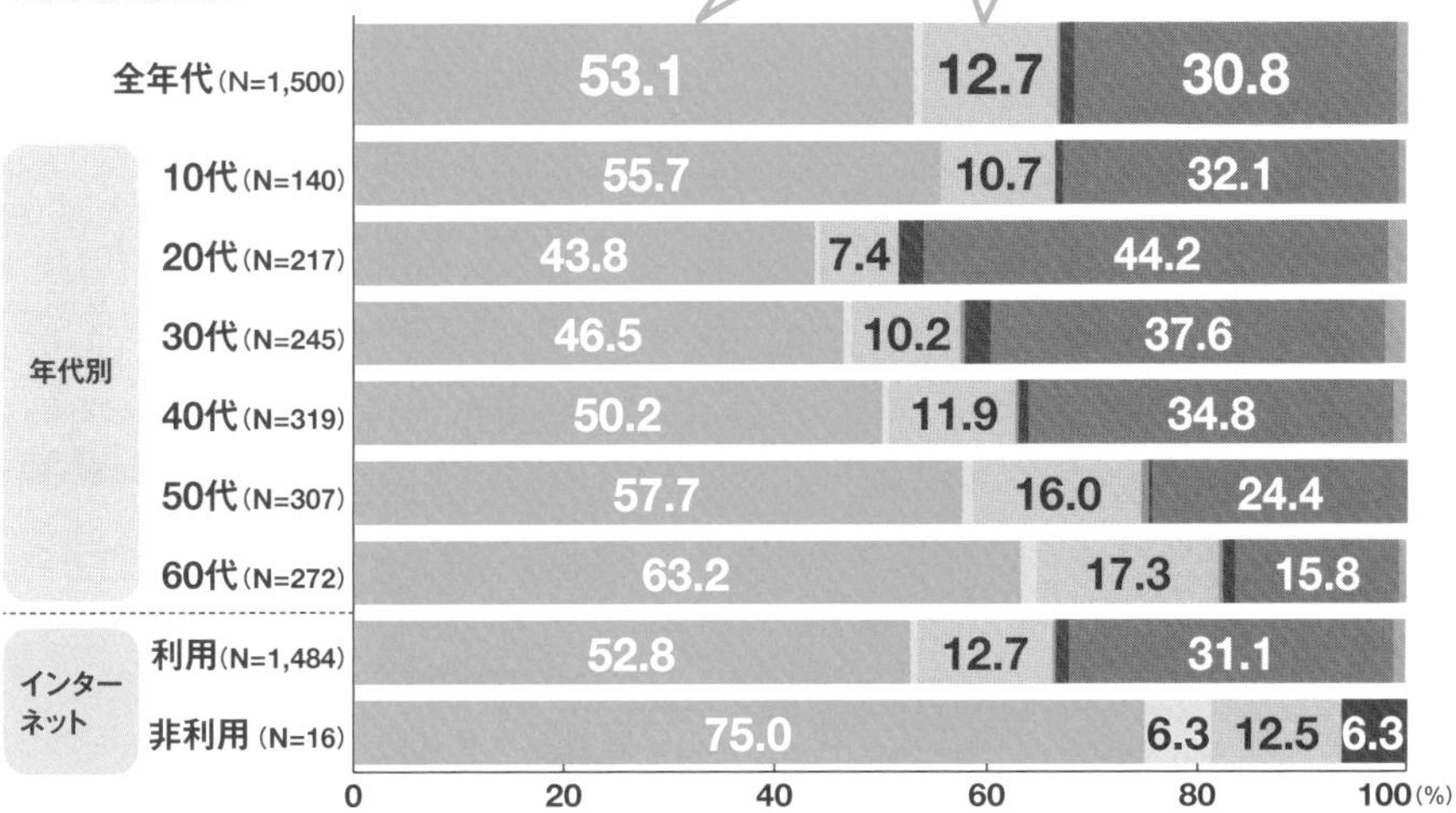

(ともに総務省情報通信政策研究所「令和4年度 情報通信メディアの利用時間と情報行動に関する調査」をもとに作成)

フェイクニュースには「騙される」だから、「自分を信じるな」

「フェイクニュースに騙されないためにはどうしたらいいですか?」とよく聞かれます。「メディアリテラシーを身につけるといいのでは?」なんて専門家の意見もよく見かけます。

ハッキリ言いましょう。**そんなのムリです。**

たとえば最近のニュースでいえば、パレスチナ自治区のガザ地区の病院で数百人が死亡した爆発について、パレスチナ側は「イスラエル軍の空爆によるものだ」と非難し、イスラエル側は「ハマスと共闘する過激派組織によるロケット弾の誤射だ」と主張しました。海外メディアの分析も、見解が分かれました。そういう意味で最近の戦争は、「情報戦」でもあります。

でも日本では偽情報対策は規制当局の認識が遅れ、メディアもNHKを除くと軒並み関心が乏しいか余力がなく、ネットのプラットフォーム事業者は外資系中心でやる気がないため、すっかり後手に回ってしまっています。外務省や防衛省も対策やポストの新設に乗り出しましたが、日本語圏におけるネット上の偽情報対策はまだまだこれからです。

ぼくも病院の爆破で犠牲になった子どもの遺体を、白い布に入れて振り回しながら泣き叫んでいるお父さんのショート動画を見たとき、「これは酷すぎる」と思いました。正視できる映像ではないのです。しかし仕事柄、機械的にふと立ち止まりました。これは本当にガザ地区から発信されたものなのか? とか、今回の紛争で出て来たものなのか? と、冷静に考えてい

Nishida's memo
メディアリテラシー　メディア（テレビやネットなど）から伝えられた情報に騙されない能力、自分で分析する力。

くと、さっぱりわからない。せめて拡散しないのが精一杯でした。

最近「ディープフェイク」といって、AI技術を駆使して画像を加工し、あたかも本物のような動画がいくらでもつくれるようになりました。岸田文雄首相がニュースに出演しているディープフェイク動画も拡散し、有名なニュース番組や国会でも取り上げられるほどになりました。「複数の情報源にあたって比較してみましょう」なんていいますが、大量に騙される最近の偽情報は複数調べたってわかりません。

ニセ専門家すら山ほどいる時代です。新型コロナワクチンの安全性にしたって、海洋放出が開始された原発処理水の安全性にしたって、目立つ「専門家」の意見が割れているのに素人がどう判断しろというのでしょう。論文だって、どれが「まともな論文」か見分けるのは分野が違うと、ぼくたちでも結構難しい。**「真実」にたどりつくことが本当に難しくなった**のです。

だから、1つ言えることがあるとすれば、「騙されないようにするにはどうしたらいいか」という問いを立てるのではなく、**「騙されること」を前提にどうすべきか考えようということ**です。換言すれば**「自分を過信するな」**ということでもあります。

メディアも間違える、専門家も間違えるし、騙そうとしている。政府だってそうです。そんな時代にわれわれはいつだって騙されておかしくないと考えるべきです。間違えてもしょうがない。「自分は正しい！　間違えない！」という発想こそ危ないですね。

大事なのは間違えないことではありません。間違えたとき、しっかり「お詫び」して修正できるかどうか。メディアなら訂正記事を掲載しているかどうか。謝罪ができるメディアは、「一貫性」を主張するメディアよりよほど信頼の蓋然性が高いといえます。

Nishida's memo

蓋然性　「おそらくそうなるだろう」という意味合い。「蓋然性が高い」とは「そうなる確率が高い」。反対の言葉は「必然性」。

実は〝意外にも〟日本は政府の情報を公開している

「日本の政府は隠蔽体質だ」となんとなく感じている人は少なくないと思います。ちなみに、そうだとすれば正しい直感です。

原発事故のとき、陸上自衛隊の南スーダンPKO部隊の日報が「破棄された」とされていたにも拘わらず見つかったり、沖縄返還に際して密約が取り交わされていて、かねてから指摘されていましたが民主党政権のとき実在したことを政府が認めました。毎月勤労統計調査にも不正がありました。このように政府の隠蔽や改ざんは枚挙にいとまがありません。

ただ、隠蔽は日本政府に限らずどこの国でもあることです。そうなのですが、**最近の日本社会はなぜか政府の隠蔽に対して甘い**といえます。あまり怒ったり政府批判に繋がりません。不思議なことです。

大手中古車販売店のさまざまな不正や、日本の自動車メーカーの燃料不正や、著名高級自動車ブランドの車検不正など、民間でも不正や隠蔽が当たり前な社会だからでしょうか。

実は**日本には「行政機関の保有する情報の公開に関する法律」があり、世界的にも類を見ないほど政府の情報が公開**されていたりします。日本はオープンデータが遅れているとか、日本

Nishida's memo

アカウンタビリティ 「説明責任」と訳される。自分が担当し権限を持つことについて、詳細な説明をする義務のこと。

は情報公開がもっと必要だとかいわれますが、そうともいえません。日本の世界のオープンデータのランキングは10位台で、１人当たりＧＤＰランキングなどより上です。

国連の経済社会局は国連加盟国におけるＩＣＴを通じた公共政府の透明性やアカウンタビリティを向上させ、公共政策における市民参加をうながす目的で「世界電子政府ランキング」を発表しているのですが、日本は前回（２０２０年調査）に引き続き、世界１９３カ国中14位にランクされています。

個別の指標の順位をみると、日本は「電子行政参加」部門において、前回の4位から順位を上げ、１位を獲得しているのです。「開かれた政府指標」でも、アメリカや欧州諸国と同じく「Very high EGDI」という高い評価を受けています。

使い勝手があまりよくないといわれるものの、ＰＤＦや表計算ソフトで基本的な政府統計が継続して公開されていますし、記者会見の動画から文字おこしまで出しています。そんな国、なかなかないんですね。

デジタル庁によれば、日本のオープンガバメントは、２０１１年の東日本大震災を機に急速に取り組みが進められました。**意見やアイデアを収集するプラットフォームも活用して、国民と「対話」する入口は用意されている**のです。

この点については、日本を過小評価している人が多い印象です。

Nishida's memo

オープンガバメント「開かれた政府」のこと。秘密主義に陥りやすい政府を「開く」ための情報開示が求められる。

「政治家が劣化した」と言うけれどその国の政治は「国民を映し出す鏡」

ぼくが好きな政治家の1人に吉田茂がいます。吉田茂は文筆家でもあり、『大磯随想・世界と日本』（中央公論新社）という回想録があります。その中に、**民主主義は一朝一夕には根付かない。いちいち悲嘆してもしようがないから気長にやらなければいけない**、といった趣旨のことが書いてあります。

民主主義は難しい。国民の知識や認識のレベルも上げないといけないし、政党や政治家、メディアもそう。制度や教育も変えないといけないかもしれない。これはたいへんな作業です。

それでも国民は諦めず、気長に取り組むことが大事だということを、戦前戦後で要職を務め、日本の復興と再出発の立役者で、自由主義者の吉田茂は述べているわけです。

野党は普段、「政府は信頼できない」と言っています。でも、国の政府というのは政権が変わっても相当程度「連続性がある」と考えます。つま

り、政権交代が起きても日本政府の主張と立場は、基本的には一貫していると考える。

そうであれば、自分たちが「信頼できない」と言っているのに、自分たちが政権を取ったら「明日から信頼してください」と言うのはちょっとおかしい。

加えて、「日本も北欧型の社会を目指そう」とよく言います。北欧は税金が物凄く高くてもそれに文句を言う人はいません。高い税率を許容しながら生活の満足度も高い時期が長く続きました。それは、**政府が国民から信頼されているからであり、国民がそういう政府をつくってきたから**です。

日本ではその前提がないのに、財政規律重視とベーシックサービスを同時に掲げるので、ちょっと説明力がおぼつかない。またぼくは「政策の幅」と呼んでいますが、政府は手詰まり状態で、実は与党も野党も、同じような主張をたくさんしています。

中小企業重視やDXがそれですね。だとすれば、政府のどこにボトルネックがあって、どのように修正しようとしているのでしょうか。そういうことを示してくれると、ぐっと説得力が出て来そうです。

池上は、こう読んだ

棄権は危険というダジャレがあります。投票率が低くなると、強固な支持層を持つ候補者ばかりが当選します。当選した候補者は、支持してくれた人に恩返しをしようと、一部の人たちのための政治をしがち。これが危険なのです。強固な支持者の投票だけでは当選がおぼつかなくなったとき、政治家はみんなのための政治をしようと考えるでしょう。

2016年、イギリスでEU離脱の是非を問う国民投票がありました。EUに残るべきだと考えていた若者たちは、「自分1人が投票に行かなくても世の中は変わらない」と考え、多くが投票に行きませんでした。でも、離脱賛成派は投票所に足を運んだ結果、離脱が決定しました。「自分1人が行かなくても」と考えるのは、時として思わぬ結果を招くのです。

「池上さんは投票する人をどうやって選ぶの?」とよく聞かれます。答えは、「よりましな候補を選ぶ」。自分が熱心に支持したくなる候補がいない場合は、消去法です。「この候補だけは当選させたくないな」と思う人に投票せず、1人ずつ消していくのです。相対的に「まあ、この人でいいか」という人を選びます。少しずつでも政治をよくするための手法です。

参考文献・ウェブサイト

●『大磯随想・世界と日本』吉田 茂（中央公論新社）
●『学校が教えないほんとうの政治の話』斎藤美奈子（筑摩書房）
●『残念な政治家を選ばない技術「選挙リテラシー」入門』松田 馨（光文社）
●『「私物化」される国公立大学』駒込 武編（岩波書店）
●『新版1940年体制　さらば戦時経済』野口悠紀雄（東洋経済新報社）
●『スウェーデンの小学校社会科の教科書を読む』
ヨーラン・スバネリッド／鈴木賢志+明治大学国際日本学部鈴木ゼミ編訳（新評論）
●『図解 池上彰の ニュースの基本が面白いほどわかる本』池上 彰（KADOKAWA）
●『政治と経済のしくみがわかるおとな事典』池上 彰監修（講談社）
●『政治のことよくわからないまま社会人になった人へ』池上 彰（ダイヤモンド社）
●『ゼロからわかる政治とカネ』上脇博之（日本機関紙出版センター）
●『なぜ政治はわかりにくいのか　社会と民主主義をとらえなおす』西田亮介（春秋社）
●『ぶっちゃけ、誰が国を動かしているのか教えてください』西田亮介（日本実業出版社）
●『<民主>と<愛国>　戦後日本のナショナリズムと公共性』小熊英二（新曜社）
●『メディアと自民党』西田亮介（KADOKAWA）

●外務省　https://www.mofa.go.jp/mofaj/press/release/press1_001426.html（P53）
●経済産業省資源エネルギー庁
https://www.enecho.meti.go.jp/category/electricity_and_gas/nuclear/001/pamph/manga_denki/html/007（P159）
●警視庁　https://www.keishicho.metro.tokyo.lg.jp
●厚生労働省　https://www.mhlw.go.jp/stf/shingi2/nenkin_230626.html（P29）
https://www.mhlw.go.jp/stf/seisakunitsuite/bunya/0000207382.html（P31）
●国税庁　https://www.nta.go.jp/about/introduction/torikumi/report/2023/01_4.htm（P61上）
●国立国会図書館　https://www.ndl.go.jp/jp/diet/publication/refer/2020/index.html（P195）
●財務省　https://www.mof.go.jp/tax_policy/summary/corporation/c01.htm（P61下）
●総務省　https://www.soumu.go.jp/senkyo/senkyo_s/news/sonota/nendaibetu（P17）
https://www.soumu.go.jp/senkyo/seiji_s/seitoujoseihou/seitoujoseihou02.html（P45上）
https://www.soumu.go.jp/menu_news/s-news/01gyosei18_02000167.html（P45下）
https://www.soumu.go.jp/menu_news/s-news/01zeimu04_02000114.html（P65）
https://www.soumu.go.jp/senkyo/senkyo_s/naruhodo/naruhodo03.html#chapter1（P83）
https://www.soumu.go.jp/senkyo/senkyo_s/naruhodo/naruhodo03.html#chapter1（P87）
https://www.soumu.go.jp/senkyo/senkyo_s/naruhodo/naruhodo03.html#chapter1（P89）
https://www.soumu.go.jp/iicp/research/results/media_usage-time.html（P211）
●内閣府　https://www5.cao.go.jp/keizai-shimon/kaigi/special/reform/wg2/270828/agenda.html（P25）
https://survey.gov-online.go.jp/r04/r04-shakai（P37）
●防衛省・自衛隊　https://www.mod.go.jp/j/press/wp/wp2023/pdf/index.html（P151）
●文部科学省　https://www.mext.go.jp/b_menu/shingi/chukyo/chukyo4/siryo/attach/1333452.htm（P57）
https://www.mext.go.jp/b_menu/shingi/chousa/shotou/142/shiryo/1421971_00012.htm（P187）

●自由民主党　https://www.jimin.jp
●立憲民主党　https://cdp-japan.jp
●日本維新の会　https://o-ishin.jp
●大阪維新の会　https://oneosaka.jp
●公明党　https://www.komei.or.jp
●日本共産党　https://www.jcp.or.jp
●国民民主党　https://new-kokumin.jp
●れいわ新選組　https://reiwa-shinsengumi.com
●社会民主党　https://sdp.or.jp
●みんなでつくる党　https://www.mintsuku.org
●参政党　https://www.sanseito.jp

おわりに

本書を一読して、「だいたいわかった！」となったなら、みなさんの現代政治理解は相当なものです。でも、一読しただけではそうはならないことを懸念しています。

ほとんどの人がそうではないでしょうか。ぼくは仕事で企業研修や市民講座などに数多く登壇しています。多くの人が「どこかで教わったような気はするが、今ではほとんど覚えていない」のが実情です。

自分のことや家族のこと、仕事のことではなく、政治について四六時中考えなければいけない社会はそれほどよい社会ではありません。そんな社会は危機にあることを国民が認識しているような社会だからです。でも令和の時代は、実はそんな社会かもしれません。有望な成長産業は見当たらず、人口減少と少子化は歯止めが利きません。安全保障環境は厳しくなりました。日米同盟も万全ともいえなさそうです。

まさに問題山積の中で、個々の政策や経緯は複雑さを増すばかり。そんな危機の時代だからこそ、それからビジネスをはじめ従来のルールの機能不全を修正するために、ビジネスパーソンや若者も教養として現代政治を理解しなければならなくなっているというのがぼくの問題意識です。読者諸兄姉とまずは「政治が他人事ではない」という1点を確認し、本書がいろいろな問題への関心を拓く端緒にできれば望外の喜びです。

本書はＫＡＤＯＫＡＷＡ編集部のお声がけで実現しました。監修の池上彰先生とは、２０１

5年に東京工業大学に着任してから、ご一緒させていただく機会が増えました。直接お話しする中で、テレビで見聞きする「池上節」の舞台裏、いわば仕事の哲学をお聞きし刺激を受けています。「テレビ離れ」も指摘されますが、それでも全国で100万人規模で同時視聴され、アタマの回転の速い芸能人たちに囲まれながら、良質な教養番組をコンテンツとして成立させる手腕は余人をもって代えがたい魅力です。本書作成で改めて池上先生に勉強させていただいたことを感謝します。

その池上先生とのコラボで本書は誕生しました。今の問題と基本的な知識を結びつけながら、独自性も加え、しかもかなりわかりやすい異色の一冊に仕上がったと自負しています。知名度が桁違いの中で、池上先生とぼくをコラボさせてみる挑戦的な企画を立てた編集者の藤原民江氏と八村晃代氏に感謝申し上げます。お二人はいつも明るい雰囲気で、本書の作成を盛り上げてくださいました。政治の本としては珍しく、楽しく本書は作成されました。ロシアのウクライナの軍事侵攻に、ガザ紛争、パーティー券収入の不記載と還流で大きく揺れる国内外政治だが、われわれにできるいちばん簡単な政治参加は政治を見る目を磨くことです。本書が読者諸兄姉の、現代政治への関心と理解の底上げに貢献できるならこれほどの喜びはありません。

季節外れのあたたかな冬の午後に

2023年12月

まとめ

どうでしたか？　これまでの政治の本とは一味も二味も違ったものになったと思います。西田先生と私は、東京工業大学での同僚です。時に授業時間が同じになったりすることがありますから、その場合、学生はどちらかを選ばなければなりません。私のライバルなのです。とはいえ、履修する学年を変えれば、どちらの授業も受けられるのですが。

東京工業大学は、理系で定評のある伝統校ですが、理系ばかりでなく、リベラルアーツにも力を入れていることで知られています。リベラルアーツとは直訳すれば「自由の技法」。人間が人間らしく自由に生きていける力を身につけようというものです。東工大の卒業生の多くは研究者や技術者の道を進みます。でも、専門には詳しくなっても、人間としてどうよ、と言われない人になってほしい。さらに言えば、世のため人のためになるような人間になってほしい。そんな思いを込めて、文系の科目も充実させているのです。

そんな現代のリベラルアーツには、「政治」も入ります。私たちが、この世で生きていくためには、政治と関わらざるをえないからです。でも、ここで言う「政治」とはなんなのか。それを西田先生は、この本で説明してくれています。

念のために言えば、西田先生の東工大での授業の内容は、この本で展開されているほどやさしいものではありませんよ。もっと深い内容ですし、もっと脱線（！）したりするものだったりするはずです。でも、政治学科の学生ではなく、ふだんあまり政治に関心を持たない理系の学生諸君に自分の頭で考えてもらう授業はどうあるべきかを日夜追求している（はずですよね）ことによって、結果としてやさしい政治の本も書けるようになっているのです。

私たちは、政治とどのように関係していくのか。それは、結局は「人間としてどう生きるか」につながっていきます。まさにリベラルアーツではありませんか。あるいは、読者の中から政治家になる人も出るかもしれません。よき政治家とはどうあるべきかの基礎も身につくはずです。

この本のシリーズは、「明日の自信になる教養」です。単に物知りになる「教養」ではなく、自信を持って生きていけるための教養を読者に深めてもらおうと企画されました。読んでみたら、「なんだ、政治って、そういうことだったのか！」という自信がついたはずです。

これから日本の政治はどうなるのか。また政権交代はあるのか。野党はどうあるべきなのか。新しい政党は生まれるのか。次の総理大臣は誰がいいのか。「政治と金」の問題はどう解決すべきか。いろいろと考えるべきことは山積です。この本から始めて、自分の頭で政治を考える人になってください。

２０２３年12月

西田亮介

RYOSUKE NISHIDA

1983年生まれ。東京工業大学リベラルアーツ研究教育院・准教授。博士(政策・メディア)。専門は社会学。慶應義塾大学総合政策学部卒業。同大学院政策・メディア研究科修士課程修了。同後期博士課程単位取得退学。同大学院政策・メディア研究科助教などを経て、2015年に東京工業大学に着任。著書に『メディアと自民党』(小社刊)ほか多数。

X https://twitter.com/Ryosuke_Nishida

池上 彰

AKIRA IKEGAMI

1950年生まれ。ジャーナリスト。慶應義塾大学卒業後、NHK入局。94年から11年間、「週刊こどもニュース」のお父さん役として活躍。独立後は取材執筆活動を続けながら、メディアでニュースをわかりやすく解説し、幅広い人気を得ている。『知らないと恥をかく世界の大問題』シリーズ(小社刊)など著書も多数。

明日《あした》の自信《じしん》になる教養《きょうよう》② 池上《いけがみ》 彰《あきら》 責任編集《せきにんへんしゅう》

幸《しあわ》せに生《い》きるための政治

2024年2月19日 初版発行

著者 西田亮介《にしだりょうすけ》
責任編集 池上《いけがみ》 彰《あきら》
発行者 山下直久
発行 株式会社KADOKAWA
〒102-8177
東京都千代田区富士見2-13-3
TEL: 0570-002-301(ナビダイヤル)
印刷所 大日本印刷株式会社
製本所 大日本印刷株式会社

Printed in Japan
ISBN 978-4-04-897567-4 C0030